光に向かって爆走人生！

―昔　裏社会、今　校長―

光に向かって爆走人生!

目次

はじめに

私の目は、もうすぐ完全に光を失うだろう。高校三年一八歳の夏、大学病院で「あと二年ほどで見えなくなる」と言われ、四〇年以上がたつ。

現在、視力は右が０．０、左は０．０１。一人で歩くのが困難になった。

今、校長として高校に勤務している。生徒たちの姿や形はほとんどわからないが、彼らと触れ合うのが大好きだ。できるだけたくさんの生徒の声を聞き、声で誰かを判断する。生徒たちも「私は誰？」と近づいてきてくれる。「う〜ん」と悩みながら答える。正解するとハイタッチ、間違えれば再チャレンジ。校内のあちこちでこれを楽しんでいる。

生徒たちに手を引いてもらい、キャンプやスノーボードの研修旅行、ハイキングやアイススケートなど、校外活動のすべてに参加している。授業（数学）は二人の先生と行っている。

誰とでも話せる性格もあって、子どもの頃から気がつけばリーダー的存在となっていた。意見をまとめ、ケンカを仲裁し、運動会の応援団長などしてきた。学校の内外でよくケンカに巻き込まれた。仲裁のつもりが、いつの間にか私とのケンカになっていることもしばしば。

他の人の二生分ぐらい生きたほどの波乱の人生を経験したように思う。すべての始まりはあの一八歳の夏、医師の一言から始まった。人生をどう歩むべきかわからず、死が心をよぎったこともあったが、この目のことは誰にも言えなかった。そして、暴力団。劇的な脱退。ヤンキー担当教師、解雇、裁判闘争、職場復帰、理想の高校を目指した日々……。本音を言わせてもらえば、校長という役目はやりたくないのだが、学校では生徒たち、家庭では内外合わせて一一人の孫に囲まれ、今、最も幸せを感じている。

そんな私も還暦を過ぎ、教師生活の終了もそんなに遠くない。

人は「大変なことがいっぱいで頑張ったね」と言うが、そんなふうには感じていない。「努力」という言葉が嫌いで、その時の力量に合わせて考え、信念に基づき行動してきた。力量と信念は変わるもので無理して作るものではないと考えている。

一人で歩んで来たわけではもちろんないが、最終的に頼れるのは自分しかいないと思った時代が長かったし、今もそうかもしれない。自分の信念に基づいて、自分で判断し、孤立せず孤独を楽しむという気持ちで、誰にも支配されず我が道を歩いてきた。そんな人生を振り返ってみる。

第一章　一八歳の分岐点

「二年以内に失明」の宣告

一八歳まで、苦労もなく特に努力もなしに、自分らしく過ごせていた。小中学時代は勉強も運動もそれなりにでき、ケンカもある程度強かった。高校は何ら努力せず進学校へ進めた。クラブは、中学・高校とハンドボール部。楽しくはないが、辞めたいとも思わず何となく続けていた。

時々、目の異常を感じることはあったが、誰にも相談せずに放置していた。高校三年で目がますます見えなくなった。遠近感をつかむのも困難になった。得意としていたハンドボールも、走りながらキャッチすることが難しくなっていた。それでも誰にも打ち明けず、試合には出続けた。

高校最後の大会。地区大会ベスト4まで進んだ。あと一勝で全国大会出場が決定する試合で、私は大きなミスを二つしてしまった。一つは、ＰＫ（ペナルティーゴールスロー）を外したこと。ＰＫは私の担当で、それまで一度も外したことがなかったが、目がかすんでキーパーの動きがよく見えず「タイムを要求しようか、代わってもらおうか」と迷いながら放ったシュート。見事にキーパーに止められて逆速攻にあい、二点差をつけられた。

もし人生をやり直せるのなら、このPKをやり直したいと思う。

二つ目は、後半終了間際の、敵陣近くのキャッチミス。私にボールが投げられたのは分かったが、遠近感がつかめなかった。同点の大チャンスを逃してしまった。その時キャプテンが、私にボールを投げたチームメイトに「何で投げたんや。あいつはあの体勢でそのコースのボールはキャッチできない」と激怒した。彼は私を見限っていたのかも知れない。数十秒後に試合終了のホイッスル。チームの敗北の悔しさは不思議となかった。それより目の悪化を痛感し、視力矯正に病院へ行こうと思った。

すぐあとの夏休み。コンタクトレンズを作るため、軽い気持ちで最寄りの眼科を受診した。両目とも0．2～0．3程度。矯正しても0．3を超えなかった。紹介状をもらい大学病院で詳しい検査を受けた。

何日も何日も通い、さまざまな検査。これまでクラブ活動一色だった夏休みは、すべて病院に支配されているようだった。夏休みの終わり近くのある日、私は暗室で待っていた。看護師さんの声が聞こえた。

「あの患者さんかわいそうやね。もうすぐ目が見えなくなるんだって……」

医師が入ってきた。カーテンの向こうにいた看護師さんと目が合ったとたん、驚きの表情をした。瞬時に「俺のことなんだ」と思った。医師からは「二年以内に失明します。病名は網膜色素変性症です」と宣告された。診断結果を持って最寄りの眼科を再度受診すると、そこの医師は「どんな進路を考えている？　見えなくなってもできる仕事につけるよう今から準備しなさい。たとえば按摩とか……」と言った。他は特に覚えていないが、いたって冷静に聞くことができた。ただ母がとても悲しそうにしていたのが印象に残っている。

二学期、自分の将来と初めて向き合った。勝手気ままに楽しく楽に生きることばかり選んで過ごしてきたが「これからどうなるんだろう」と思った。「一年浪人して有名私立大学の一つに入学できれば……。でも、できなかったらどうしよう」など、今の自分の状況をしっかり受け止めきれないままの自分だった。

小・中・高校時代はよくケンカし、周りにも迷惑をかけた。警察の補導、教師への暴力、停学も経験した。両親は何度も謝りに行った。高校生活では、クラブ活動以外は麻雀、パチンコに明け暮れ、外泊も珍しくなかった。常に両親に叱られていたが、失明宣告以降は異様に優しくなり、私の行動に何も言わなくなった。成績も四〇〇人中三九九位まで落ち込んだ。自分に無関心、無気力、ただ今を楽しむ。そう割り切って日々過ごした。そうしないと生きられなかったのかもしれない。

時には親の優しさ、気を遣われることに居心地の悪さを感じた。それまで同情や干渉が大嫌いで、絶対に弱音を吐いたり弱点を見せてこなかった。こんな状況になっても平然をよそおい突っ張っていた。悩みを打ち明け相談することもしなかった。

進路は、鍼灸あん摩師の道しかないようだったが、どうしても受け入れられなかった。家族から離れる方法を考えるようになった。

一二月、母に「大学へ行きたい」と言った。卒業前に失明するので、出口のない入学だとはわかっていたが、両親は「やりたいようにやらせよう」と思ったようで、反対しなかった。

見えなくなったら死ぬと決め

私はとにかく家族から離れるため、自宅から遠くて今の学力でも入れる地方大学を探した。偏差値の一覧を見ながら大学を五校ほど選び、奇跡的に一校合格した。目標も目的もなく「見えなくなった時は死ぬ」と決めて、故郷を離れた。

そもそも勉強するつもりも大学に通うつもりもないので、大学から距離がある繁華街近い駅裏のアパートに住むことにした。プレハブを積み上げたような、今なら違法建築となるだろうひどい造りだった。風呂はなくトイレは共同。壁はベニヤ板一枚、六畳一間に小さな流し台が一つ。家賃は一万二千円。安いのか高いのかはわからないが、隣の部屋はもっとひどかった。天井まで一二〇㎝ほどしかなく、完全に屋根裏部屋の造りだった。

部屋は三階で家主の家の上に増築されたようだった。布団は実家から送ってもらい、リサイクルショップで小さな冷蔵庫と一四型テレビを購入し、一人暮らしが始まった。歩くとミシミシとイヤな音がする。少し風が吹くと窓がきしみ部屋が揺れる。寝ころび、お笑い番組で笑うと揺れる。「よくあんな部屋に二年間も住んでいたなあ」と思う。ただ良かったのは、家賃を滞納しても督促されなかったこと。月遅れは当たり前、最長半年ぐらいは滞納したように思う。

入学式。私は欠席を決め込んでいたが、突然母がやって来て「入学式には私も参加する」と、真新しいスーツを差し出した。予定外で驚いたが拒むこともできず、タクシーで大学へ向かった。運転手さんとこんな会話があった。

運転手「入学式ですか？　晴れてよかったですね」

母「はい。昨日まで雨で少し心配したのですが……」

運転手「ところでお子さんは先に行っているのですか？」

母「えっ？」

運転手「お子さんは、先に会場に着いているのですよね」
母「私の横に居ますが……」
運転手「……?」
母は歳より若く見え、私は老けて見られることが多いが、五〇歳近い母と一八歳の私が夫婦に間違えられるとは。その後、母はずっとうれしそうだった。母が私のところへ来たのは、この一回きりだった。このことははっきり覚えているが入学式のことはまったく思い出せない。
入学後、履修届を出さなければ家庭に連絡されるので、オリエンテーションに参加し教務課に提出することだけはした。部屋に戻ってゴロリと横になり、未来への希望はないがとりあえず今をどう過ごすか考えてみた。誰からも監視されず親の目を気にして過ごさなくてもよい解放感はあっても、考える気力さえ湧いてこないのだった。
ノックの音がした。ドアを開けると長髪で見るからに気の弱そうな男が立っていた。今年私と同じ大学に入学し、隣の部屋に住むのであいさつに来たのだ。その後二人で近くの食堂で食事した。彼は広島出身で一年浪人して入学し、一歳年上だった。広島カープの大ファンで私は巨人ファン。プロ野球の話題で盛り上がった。彼は気が弱く煙草も吸わずスポーツもしない。今でいう「オタク」っぽい男であった。自分とは真逆な感じはしたが、友人も知人もいないのでとりあえずこの男と一緒にいることにした。このタイプは実は苦手だった。彼は機械科、私は数学科だが、一般科目は同じのもあった。すべきこともやりたいこともないので「まあ、しばらくつき合ってみるか」と、一緒に通ってみることにした。

翌日から「彼につき合う」形で、私の大学生活が始まった。朝はパンをかじりながらバスに乗り登校。同じ講義があれば一緒に受講。帰宅時間は違うが夜は一緒に外食。カレーライス、焼き飯、オムライス、うどん定食など安いものを食べ、たまに「今日はぜいたくしようか」と、ハンバーグ定食を食べる。食後は一緒に銭湯に行き、その後プロ野球を中心に私の部屋でテレビを観る。こんな日々を一ヶ月ほど過ごした。イヤではなかったが楽しくもなかった。これまでで最も規則正しいまじめな生活が、彼のおかげでできたように思う。

乱闘、そして逮捕

しかし卒業の目標も、今日を過ごす目的もない私が、今までにない自分を演じて長く続けられるはずがなかった。四月後半に入るころ、学生らしい時間を一緒に過ごすことなく帰宅し、パチンコ店に入り浸り、その後、日々雀荘に通うようになった。彼には同じ学科の友人ができたようで、一人で登校するようになっていた。私は、五月の連休明けからはほとんど大学へ行くことがなくなった。

パチンコ店で若い男と知り合った。同じ大学の二回生で、二歳年上のH先輩。彼は入学後一年あまりほとんど登校せず、パチンコと麻雀に明け暮れて留年必至の状態。空手二段で眼光鋭く一般人とは思えない風貌。私も柔道と少林寺拳法の経験があり、生活スタイルがよく似ていたのでその場で意気投合した。アパートも同じだった。彼を通して、このアパートの、同じ大学の住人たちと出会った。

少しクセのある人ばかりだった。六回生のAさん、七回生のBさん、入学して一度も登校していない二回生のCさん、三度の食事よりアルコールが好きな有名進学校出身のDさん、三浪して入学した大企業社長の長男Eさんなど、これまでに出会ったことのないタイプばかり。共通点はパチンコと麻雀が好きで大学はさぼりたおし。全員留年か「ほぼ確定」で、彼女はおろか女性の知り合いさえいない、学生の香りがあまりしない人たちばかりだった。

そのうちに私の部屋がたまり場となり、毎晩のように明け方まで麻雀をし、昼ごろ起きてパチンコに行く生活が続いた。Cさん以外は、時折思い出したように大学に行っていた。

Cさんは大学生活三年目を迎えずに退学し、故郷へ帰った。私は、パチンコと麻雀の収入が生活の助けとなった。彼らといると何も考えず日々適当に楽しく過ごせるのが良かった。彼らは時間の空白を埋めてくれる遊び相手でしかなかったので、自分自身のことは誰にも明かさなかった。

アパートがある駅裏通りは、暴力団事務所や組員の住居、組関連の飲食店やスナックなどがあちこちにあり、発砲事件はじめトラブルの多発地域だった。この地域の人は、人相の悪い人や外車には近づかない、スナック・雀荘には入らない、などを心がけていたのだが、私はそのことを知らなかった。

ある日、中華料理店でラーメンを食べていると五、六人のチンピラ風の男たちが騒がしく入ってきてテーブルを一つはさんだ席に座った。注文をとりに来た女子をからかい、セクハラまがいのことをしはじめた。気分が悪くなり言った。

「もうそれぐらいにしときや」

「おまえ誰に文句言うとんか分っているのか。調子に乗るな」

「どこの誰か知らんけど、調子に乗っているのはおまえやろう」

いきなり一人が「だまれ」と、ガラスコップを私に投げつけた。私の肩をかすめて後ろに落ち「パリッ！」と乾いた音をたてて砕けた。

私は横の椅子を片手で持ち上げ、投げつけた。そこから先は大乱闘。誰を蹴り、誰を殴ったかわからないが、相手は酔っていたこともあり、すぐに二、三人のびてしまったように思う。

その時、私の背後から私の手をつかみ押さえ付けようとする者がいた。思わず手を振り払い、振り向きざまに殴った。よく見ると警官だった。すぐ二、三人の警官に取り押さえられ、まるで刑事ドラマの犯人のように後ろ手に手錠をかけられた。少し冷静さを取り戻し見渡すと、椅子は壊れテーブルはひっくり返り、ガラスコップの破片や箸などが散乱していた。カウンター近くで先ほどの女子店員が泣いていた。すれ違う際に「大丈夫か？」と声をかけるとうなずいていた。パトカーで連行された。両脇を警官に固められ、合計三台のパトカーと共に警察署に到着した。初めての経験ではないが、やはり気分の良いものではなかった。残りのパトカーに乗っていたのは警官ばかり。「あいつらは？」と尋ねると「すべて逃げた」と言った。

四、五日ほど留置された。刑事ドラマで見るような尋問と説教が始まった。初日の取り調べ後、鉄格子の中で夜を迎えたとき、やんちゃでよくケンカして大人から叱られた小学五年生頃のことを思い出した。同級生の父親から身に覚えのないことで叱られ、私の言い分も聞いてもらえなかったのだ。頭に来て「うるさいんじゃ、おっさん」と激しい口調で言い返した。その人は持っていた野球ボールを私の顔にぐいぐいと押しつけ「大人を馬鹿にしたらえらい目にあわすぞ」と言った。ボールを奪い取り、その人の後方へ投げた。ボールは後ろの家の窓を直撃した。大きな音で窓ガラスが割れた。その人をはねのけ、全速力で逃げた。

翌日の夜、父が手に包帯を巻いて食卓で食べていた。普段から父とはほとんど会話がなかったので黙って座り食事を始めた。私が席に着くや否や父は食べ終えて席を立った。母が「お父ちゃん、何で包帯巻いているかわかる?」と尋ねた。何もわからず無言でいると「あんた、昨日、窓ガラスを割ったやろう。それを片付けた時手を切ったんやで」。

無言でいたが、父に「ゴメン」という気持ちはあった。しかし素直になれず、その後もずっと謝らないままだった。父も何も言わず、叱ることもなかった。父は私にとって怖い存在で暴力もいっぱいふるわれてきたが、無言の父はかえって恐ろしく感じた。

ただ、その日から一ヶ月ほど、親に迷惑をかけることやケンカはせず「良い子」でいるように心がけて行動した。父の無言の圧力というか、度量の大きさを強く感じた。しかし「良い子」を演じるのはつらく、一ヶ月も経てばもとのヤンチャな自分に戻っていた。

私の嫌疑は「器物損壊、傷害、公務執行妨害」だった。毎日同じような話を聞き、同じように答え、本当に疲れた。もうどうでもよくなってきた頃、突然釈放された。警察署を出る時「中華料理屋の店主さんに感謝しろ」と言われた。警察署で私たちが壊した店内の写真を何度も見せられていたので「釈放されたらまず店主さんに謝りに行こう」と考えていた。釈放後すぐ店に行き謝った。「いいんじゃや。気にするな。おめえが悪いんじゃねえんじゃやから」と方言たっぷりで答えてくれた。店主は被害届を出すように警官から何度も言われたが、出さなかったうえに、私が処分されないようにと嘆願までしてくれたとのことだった。

「テーブルや椅子を壊したので弁償します」と言うと「おめえみたいな貧乏学生から、わしは金をとらん。それより店員を助けてくれてありがとうな」と言ってくれた。本当にうれしかったが、あの日以来その子は出勤していないようだった。「これで一件落着」と思ったが、これが悪への階段を登るきっかけとなるとは夢にも思わなかった。

失格バイト数えきれず

一人暮らし九ヶ月、年末を迎えようとしていた。年の暮れは何となく虚しく、切なくなる。できるだけ余計なことは考えず、その日その時の流れに身を任せのらりくらりと過ごすスタイルは以前からあまり変わっていないので、やはり年末の虚しさはやってきた。

パチンコや麻雀、コインゲームに明け暮れていると、同じアパートの先輩の彼女からアルバイトに誘われた。一二月二四日・二五日のクリスマスケーキ販売だ。あまりやる気はしなかったが、愛くるしい笑顔に負けたこと、年越しのふところの寂しさ、何より同世代の女性との会話にうれしくなり引き受けてしまった。

駅の地下街で、会社帰りのお父さんや駅の利用者に販売した。チョコレートと生クリームの二種類で、夕方から夜にかけ結構売れた。大半はレディースサンタの女子大生に誘われたサラリーマンたちで、私はケーキ近くに立っているだけ。他のサンタたちの「少しは働けよ」と言わんばかりの視線を感じたが、前に立っても邪魔になるだけなので特に何もしなかった。先輩は彼女たちと楽しく会話していたが、私に対して笑顔はなかった。

二五日の午後八時頃アルバイト終了。その場で二日分一万三千円を受け取った。当時、時給三五〇円程が相場だった。一日一〇時間程、二日で一万三千円は結構うれしかった。しかし彼女たちの視線から「ほとんど私たちが売ったのにバイト料は同じ。この男ムカツク!」という心の声が突き刺さった。店長が「余ったケーキはみんな持って帰ってもいいよ」と言った。「大」ばかり一二箱ほど。彼女たちはそれぞれ三箱、先輩は「俺はいらんから」と残りを私に託した。「えっ、こんなに…」と思ったが、無類の甘いもの好き。特にケーキは大好物。「アパートのみんなに配ってあげたらきっと喜ぶぞ」と、背中に女子の冷たい視線を感じながらも両手いっぱいに抱えて持ち帰った。

部屋にみんなを集め「一人一ホールずつ持って帰って」と言ったが、口々に「俺は甘いもの苦手」、「一ホールもいらんし」、「こんなに持って帰って誰が食うねん」など、感謝の言葉一つなかった。「みんな帰れ。誰にも一口もやらん。全部俺が食べる」と追い出した。意地になり二日間食べ続け六ホール完食。いくら好物とは言え、ケーキどころか甘いものは見たくないし、想像するだけで吐き気がした。

気がつくと一二月二八日。みんな里帰りして誰も居なくなっていた。

パチンコや麻雀には好不調の波があり、安定した収入は得られない。月のトータルでマイナスの時もあった。滞納家賃と、遊ぶ金のため本格的にアルバイトしようと考えた。

年明けすぐのアルバイトはカレー専門店。カウンターのみの店で、私はご飯を皿に盛り、カレールーをかけてカウンター越しに客に渡すだけ。午前一一時から午後八時までで時給三八〇円だ。楽で簡単なので選んだが初日でクビ。それは、ある客にカレーを出したことから始まった。

「このカレーのつぎ方なんとかならないんか」

「どのようにすればよいのですか?」

「ここのところ、もう少しこっちの方によせて欲しい」

「えっ。どういうことですか?」

少し怒り口調で「だからここのところにこうしてって言うてるんや」

少し腹が立ち「じゃあ気に入らなかったら自分でついだら……」

「俺は客や。なんやその言い方は……」

「だから気に入らんかったら、ここにきて自分でつげって言うてんねん」

店長があわてて出てきた。「おまえ何を言うとるんじゃ。お客さんに謝りなさい」

「こいつがわけのわからんこと言うんや。俺は悪くない」

「おまえはクビや。今すぐ帰れ」

エプロンを脱ぎ地面に叩きつけて「あ〜辞めたら、こんな店」

カウンターを飛び越えて出た。時計を見ると午後一時だった。初日の二時間でクビ。「やっぱり、俺には接客は向いてないのかなぁ」と一人で笑った。

この後もいろんなアルバイトをした。道具一式を一日八〇〇円で借り駅前で靴みがき。一回一〇〇円。一日座って客二人、収入二〇〇円。差し引き六〇〇円の赤字。一日で辞めた。洋服のバーゲン、引越し屋、電化製品の配送、カメラの販売、旅館の布団敷きと皿洗い、交通量調査、ガードマン、探偵、観光バスの添乗員、パチンコ店、スナックのバーテン、ギターの指導員、スイミングスクール、麻雀店など、どれも長続きしなかった。

探偵は尾行に失敗してクビ、添乗員は乗客ともめて一日で辞めた。カメラ販売は三日。引越し屋と洋服店は一週間など。ギター指導員のバイトに至っては、弾けないしコードも知らない。先輩の横で弾けるふりをしたがかなり無理があり、二度ほどで辞めた。教室は女子大生ばかりで、私が辞めたのを残念に思ってくれる人もいたようだが「そこはもう少し柔らかく」などと言っている自分がイヤになった。アルバイト料をもらったことに、さすがに胸が痛んだ。

禍い持ち込む学生Y

故郷を離れ一年。四月に入った。出さないと自宅に連絡が行くので、今年度も履修届の手続きのためだけに大学へ行った。手続きの仕方で女性事務員と揉めている男がいた。態度に腹を立てたようで、彼女に迫っているので仲裁に入った。話すと納得したのかすぐにおさまった。そのガラの悪い奴はYといい、私と同い年だった。何かと気が合いよく遊ぶようになった。Ｙはほとんど大学に行かず、バイトもせずブラブラしていた。気が短く誰にでもすぐケンカをしかけ、よく私も巻き添えをくった。

ある日「車が手に入ったので、ドライブに行こう」と車で誘いにきた。当時暴走族がよく使用していたスポーツカーで、しかも改造車。彼の運転で二～三分走ると突然サイレンが聞こえ、パトカーが車の前に止まった。警官が降りて「一方通行を逆走しているよ。免許証を出してください」と言った。彼は「そんなの知るか。おまえらに見せる免許証はない」と怒り出した。口論となり車から降ろされた。彼は「俺、無免許やねん」とささやいた。「ほんまか？」。苦笑いでうなずいた。瞬間「俺が何とかしなければ……」と思い、屁理屈を並べて警官に食ってかかった。

気が付くとＹが見当たらない。見渡すと、急にパトカーの後ろから出てきて小声で「おい逃げるぞ。あいつらよう追いかけて来ん」。「何でや？」。彼は笑って「パトカーのマフラーにパンを詰めてやった」。「こいつホンマにアホや」と思ったとき、けたたましいサイレンの音とともに二台のパトカーが停車した。応援部隊だ。Ｙは「あかん。もうパンがない」とつぶやく。私は「そんな問題ではないやろう」とつぶやいた。抵抗をあきらめ、警官に身を任せた。厳しく叱られＹは警察署へ連行された。

数日後、Ｙが私のアパートに来て「後日裁判所から呼び出しがある」と言っていたが、その後、彼がどうなったのかはわからない。私は交番でさんざん叱られたが、調書を取られただけで済んだ。

数日後、夜中にYの彼女が私の部屋へ駆け込んで「Yが居酒屋でケンカしてるから来て」と叫んだ。案内されるままに行った。店の前で三人の男を相手にYがタンカを切っていた。割って入ると一人が私の顔を見るやいなや「あっ、お前は！」。三人のうち二人は中華料理店で暴れたときの相手だった。一人が「また、おまえか。今度は許さんぞ」と、矛先をYでなく私に向けた。「ほんまにYは災いばかり持ってくる」と思ったが、もう後に引くことはできなかった。

第三の男が「こんなところじゃ目立つから、だめじゃ」と言ったが構わず、私とYは飛び掛かろうとした。三、四人の警官が走ってきた。居酒屋の店主が通報したのだ。チンピラたちは逃げ去った。その場で事情を聞かれた後「あんなん相手にしたらだめじゃ」と言われ、この件は終わった。

二～三週間姿を見せなかったYが突然アパートに来て「大学辞めて実家に帰ることにした」と告げた。表に出ると路肩に黒いベンツが一台。堅気にはまったく見えない男が降りて来た。男は「悪いことばかりするので大学辞めさせて家へ連れて帰る。あんたもあんまり暴れたらあかんで」と言い、彼を車に乗せた。彼の父だった。

「Yはやたら度胸があるし、やっぱり……」と思った。それ以後は全く会わず、どこでどう暮らしているのかもわからない。

裏社会に誘われて

故郷を離れ二年目の六月、麻雀店の店主の紹介で、ある麻雀店でアルバイトすることになった。時には「麻雀の代打ち」もした。麻雀が好きな上、人の資金で麻雀でき、その結果祝儀までもらえ、自分に合っていると思った。客の中にM興業の社長がいた。私を気に入り「わしのところで働かないか」と言われた。違う世界の人だと分かっていたが「もうすぐ俺は死ぬし、他にすることがないし……」と、社長について行った。

狭い路地に面したビルの二階の事務所に連れて行かれた。社長が入ると数人の黒スーツの男たちが「ご苦労様です」と言い、ていねいに頭を下げ出迎えた。私は入口近くのソファーで待たされた。社長と四〇歳ほどの男が前に座った。社長が「こいつなかなか見込みがあるので、おまえが面倒見ろ。後は任せる」と言い席を立った。男は立ち上がり「わかりました」と深々と頭を下げ私の前に座った。

いきなり「おまえ何がしたいんじゃ？」

「したいこともないので社長についてきただけです。ここは組事務所ですか？」

「あほなこと言うな。M興業や。やくざとは違う。なかなか面白い奴や」と笑った。

でも、あきらかにそこは組事務所だった。男の左手の小指はなかった。仕事の話を聞けば聞くほど「これは大変なところにやって来たなあ」と思った。しかし、やりたいことも夢もなかったので話にのってみることにした。

即時社員として採用となったが、履歴書の提出もなければ社会保障もない、給料も労働時間もわからないまま働くことになった。複数の人から握手を求められ、肩を叩かれ拍手されたりして歓迎されたが、やはり社員というより組員になったことを実感した。

翌日から私はカジノで働くことになった。カジノといってもゲームセンターであり、何度か遊びに行ったことがあるところだった。仕事場は二階の事務所。カジノの管理と、週末にパチンコ店やスナック、バー、キャバレーなどを回り、売り上げの一部を頂く集金をした。

事務所のカレンダーに、週に一日赤い丸印が付けられていた。通常深夜二時まで営業だが、丸印の日は夜一〇時に閉店か一日休業だった。閉店後、人相の悪い人がぞろぞろ来て本物のカジノが始まる。俗にいう闇カジノだった。その管理も私の仕事だった。

ある日の夜、客の中に見たことのある奴がいた。相手も気づいたようでやって来て「中華料理店と居酒屋の時の威勢のいい兄ちゃんや」と言った。三度目の出会い。「うわ。またややこしくなるわ……」と思った。男は「今ちょっと忙しいんで、帰りに声かけるで」と言って去った。兄貴分のような人に連れられて来たらしい。イヤな予感がした。

その日は客も少なく午前二時半で閉店になった。客をすべて送り出し片付けているとその男がやってきた。「M興業で世話になっているんやって。じゃあ、俺と兄弟分じゃ」と笑った。

誘われるまま、男三人に連れられバーに行った。彼らはある組の所属でM興業と共同事業をしているらしい。下っ端のせいか話が大きく、意味がよくわからなかった。飲めない酒の相手で話を合わせていたが、眠くて早く帰りたかった。これまでの中華料理店や居酒屋前の件は、酒に流れ笑い話で終わった。この時、誤った道に足を踏み入れてしまったことを痛感した。

先を考えず、ただ「今」を過ごす

カジノの番人、飲食店や遊戯場の集金、借金取り立てや地上げなど、威圧的に行う仕事も増えてきた。他団体との交流について行くことが増え、社長のお付きのようなこともしていた。人の下で仕えるのが苦手で、自我が出過ぎて周りからよく叱られた。子がない社長は私を気に入り、我が子のように可愛がってくれた。幹部連中に目を付けられ、イヤな仕事の押し付けやいじめにもあったが気にせず自分のペースで働いた。しかし、社長以下すべての人を好きになれず仕事にも飽きていた。ますます自分が腐っていく気がした。

社長の勧めで芸能界の仕事をすることになった。興業士(プロモーター)の仕事だった。芸能プロダクションとの契約で、各地のコンサートに同行し歌手の世話をする。あるプロモーターの下で中四国と九州中心のコンサートのポスター貼りや宣伝、会場準備などすべての業務を担った。主な仕事は、早朝の器材搬入をはじめ設営、楽屋準備、客への案内など。

そのうち歌手の付き人のような仕事が増えてきた。会場に着くと、大道具さんの手伝いで楽器や器材などを舞台に運び入れ、舞台設営の手伝いから始める。終わると、私以外は会場入口で客の受け入れ準備をし、入場開始で誘導と案内をする。私は、歌手が心地よく過ごせるよう楽屋の模様替えから始める。歌手はほぼ手ぶらで来る。大道具、小道具を積んだトラック以外に「楽屋セット」を積んだキャラバンが一台同行。鏡台と姿見の大鏡、こたつ、毛布、じゅうたん、洋服かけ、大座布団、ライト、衣装ケースなど必要なものはすべてキャラバンの中にある。一つひとつていねいに取り出し楽屋を作り上げる。体育倉庫のような楽屋も、美しく変装させ歌手を迎えるわけだ。

常に同行している一台のキャデラックに乗り、駅や空港、ホテルなどに迎えに行く。歌手のマネージャーと昼食メニューを打ち合わせる。歌手の食べたいものを聞き注文して楽屋に運んでもらう。あらかじめ会場近くで、和、洋、中華の三種類の料理店を探しておく。

歌手によっては、一流料亭に来たような形で楽屋に食材を並べることもあった。私は食事にわがままを言う奴やぜいたくを楽しむ奴は、昔も今も大嫌いだ。

ある歌手の場合、弁当を届けると叱られた。特別に調理してもらった八千円もの高価な幕の内弁当をマネージャーから突き返された。「弁当でなく、一品ずつ器に盛り付け、温かいご飯をその場でお櫃《ひつ》からすくい取り茶碗に盛る。もちろん汁物は温かくしておく」など注文された。私は昼間から二万円程度の食事を用意した。その歌手は二割ほどしか食べないばかりか、箸をつけない皿もあった。下積みが長く屈辱的な日々を積み重ねてきたことから「自分が売れたら思いっきり威張ってやる」と思っていたらしい。食事も態度も王様気分。「残ったものは食べてもいいよ」と言われたが「誰がおまえの残り物など食うか」と心でつぶやきながらすべて捨てた。「少し売れたぐらいで人は変わるものなんだな」と思った。

その歌手には年二回、四〇日ほど付いて地方を回った。その間、歌手の注文に従い豪華なフルコースのような昼食を楽屋へ運んでもらったが、必ず大量に食べ残す。私は「もったいない」と思いながらもすべて捨てていた。社長に知られ「食べ物を粗末にするな」と叱られたが「あいつの食べ残しは死んでも食べません」と、理由を説明すると何も言わなくなった。私はこの歌手をどうしても好きになれなかった。

若手の歌手たちには、少しだけ高価な幕の内弁当で十分喜んでもらえた。時々「何か、食べたいものはありますか？」と尋ねると「タマゴチャーハン」とか「オムライス」など低価格の一般的なものが多かった。「ありがとうございます」とうれしそうに食べてくれると、私もうれしくなった。食後に来てわざわざお礼を言ってくれる歌手もいた。でも、あの歌手からは礼の一つも言われたことはなかった。

いろんな歌手の公演に同行した。スタッフや事務所の人から「サインをもらってきて」と頼まれたが、上から目線でサインをする態度には自分のプライドが許さなかったし、尊敬できる人もいなかったので、サインを頼んだことはない。

ただ、大御所の演歌歌手が千秋楽の公演を終えた後「いつもありがとう」と、色紙に私の名前と感謝の気持ちを書いたサイン入りの色紙をくれた時はうれしかった。毎年のように三ヶ月ほどコンサートに同行し、奥さんからも可愛がってもらえた。そのプロダクションのスタッフ、バンドマンやコーラスの女性たち、前座の歌手、マジシャン、アクロバットの兄弟などすべてが家族のようだった。

ツアー中、私とスタッフたちはキャラバンやトラックで移動。歌手とマネージャーや奥さんはキャデラック、その他のバンドマンやコーラス、司会者、前座の人たちは大型バスで移動した。キャデラック組はスイートルームで豪勢な食事。残り五〇人ほどは毎日毎晩、宿泊先のホテルで遅くまで大宴会。移動距離が長くチェックインが深夜になることも多いがおかまいなし。私は酒が飲めず食べるだけ。毎晩、毎晩三時間ほど付き合わされる。風呂に入り二時間ほど睡眠をとればもう起床。こんな日々が一ヶ月ほど続く。私は開演中に楽屋や会場の空席で居眠りをするが、他のスタッフは寝ていない。本当にタフで、よく飲む人たちばかりだった。

こんな日々を繰り返し、月に一度アパートに戻る。死んだように一日中眠る。ポケットには給料と祝儀合わせて三〇万円ほど入っていた。家賃と車のローンを払い、後は仲間を引き連れ豪遊。有り金をパッと使い切る。時々事務所へ顔を出しあいさつする。三～五日休暇を取って次のコンサートツアーに同行。ポケットには五千円ほどしか残っていない。三食寝床・飲み物付きなので、自分で支払うのは煙草代ぐらいで金は必要なかった。「いつ死ぬかわからない人間に余分な金はいらない。ある時パッと使う。なければないなりに過ごす。天国まで金は持って行けない」。これが、私の金に対する考え方だった。

とにかく今の自分と向き合わず、明日の自分も見つめられなかった。ただ日々を忙しくめちゃくちゃに過ごすだけ。朝、目が覚めて暗闇の世界に出会えばその日が人生の終着点と考え、残された人生を消化するだけ……。自分を忘れるために日々暴走していた。

第二章　裏社会との決別

盲目の少女との出会い——もう一度やり直そう

女性歌手のユニットの解散コンサートツアーに同行することになった。ある市民会館でコンサートが開かれることになった。チャリティーコンサートと称し、障がいのある幼い子どもたちが多数招待されていた。

招待者の中に目の不自由な女の子がいた。私はその子と話したくなって近づいてみた。当時四歳で、生まれてすぐ失明したそうだ。だから今まで目が見えたことがない。その子が私に、「お兄ちゃん、私におとぎ話をして」と言った。「えっ？　おとぎ話？」。

そこで、昔聞いた「赤ずきんちゃん」の話を思い出しながら話した。その子はずっとニコニコして聞いてくれた。一生懸命聞いてくれていた。私の話をこんなにも一生懸命聞いてくれたのはこの子が初めてかもしれない。話すうちに自分の心臓の鼓動が高まっていくのを感じた。

話し終えるとその子は「赤ずきんちゃんの赤って、どんな色かわかる？」と私に尋ねた。その子は目が見えたことがない。人も動物も、何も見たことがない。まして色などわかりようがない。ポストの色、血の色……。そんな表現をしても、きっと伝わらない。私はじっ

36

と黙っているしかなかった。

するとｒ「お兄ちゃん手を出して」と言った。そっと両手を差し出すと、空中を探るように片方の手を取り、拝むように両方の手ではさみ込んだ。二人の手のひらが重なり合うのを確認した後、両手を前後に動かし私の手をこすり始めた。

しばらくこすって「どう？　温かくなってきたでしょう」。「うん」。

うれしそうに、さらにこすり続けた。「どう？　熱くなってきたでしょう」。「うん」。

すると「これが赤なんだよ。そしてこれが白」と、私の手を冷たいガラステーブルに触れさせた。そう、この子は物の温度を体感し、熱いものは赤、冷たいものは白と表現したのだ。

そして「大きくなったら小説家になるんだ。いっぱいおとぎ話を書くんだ」と言った。笑顔いっぱいで、夢と希望に満ちていた。その子にとって見えないのが当たり前、見えるという感覚がわからない。しかし、見えるはずもない彼女の瞳は輝いていたのだ。

そのあといろんな話をしてくれたが、私は涙をこらえるのに精一杯だった。お母さんが「お兄ちゃん困っているよ。もう会場に入ろう」と言い、その子は「ありがとう」と大きな声で言って、何度も手を振って入っていった。何も言えず、見送るだけで精一杯だった。

もちろん私も手を振ってはいたが、その子に見えるはずもなかった。

その後、私は楽屋でしゃがみ込んだ。考えるともう二三歳。「二〇歳で失明する」と宣告され、それを三年も過ぎているのにまだ見えている。俺は今まで何をしていたのだろう。この世に生を受けたその日から目が見えないのにあの笑顔、あの夢と希望。それに比べ俺は……と、打ちひしがれた。

ツアーが終わりアパートに戻った。いつものように眠った。目が覚めた後、その女の子のこと、自分が歩んできた道や行動などを思い出しながら考えた。

あの子が生まれた年に自分は故郷を離れ、四年以上にもなろうとしている。あの子は四歳。あんなに力強く生きている。私は現実と向き合おうとせず、ただ過ごしてきた。生きようとも死のうともせずに。

でも、私はまだ見えている……。そうや。今からもう一度やり直そう。とにかく今の世界から脱出し、自分の新しい明日を探してみよう。

「二度とこの世界には来るな。ええ先生になれ」

翌日、三〇万円ほどあった持ち金すべてを握って事務所へ走った。幹部に「この仕事を辞めます」と、持ち金を机の上に差し出した。「えっ、何のまねや。本気か？」。「本気です。

これが私の有り金すべてです。置いて行きます」と答えた。幹部連中に囲まれいろいろ説得されたが、私の意志は変わらなかった。

「おまえ、そんなに簡単に抜けられると思っているのか」。年長の幹部が「辞めるならそれも置いてけや」と私の小指を指さした。

私は「これですか？」と小指を立てた。「おうそれじゃ。誰か道具持って来い」とその幹部は言った。その一言で全員が凍りつくのを感じた。私は腹を据え覚悟を決めた。

そこへ社長が奥の部屋から出てきた。鋭い眼光で私を睨みながら低い声で尋ねた。

「ほんまに辞めたいと思っているのか」

「はい。もう決めています」

「それはなんでや？」

とっさに答えた。

「教師になりたいからです」

「ほう、おまえやったらええ先生になるやろうなあ。先生になるんやったら、その指いるのと違うか」

「はい」

「ほならその指貸しといたる。でも、俺らみたいな半端者をつくったり、悪い奴って言うて見捨てたりする先生になったら、その指はいつでももらいに行くからな」

他の社員にも言い聞かせるように言い「その金はおまえが稼いだ金や。持ってけ。そして、二度とこの世界には来るな」と強い口調で言い放った。

私は九死に一生を得、この世界から脱出することができた。アパートに戻り考えた。とっさに「教師になりたい」と言ったがどうすればいいのか。こんな目でも教師になれるのかと悩んだ。しかし、あの時とっさに言ったのはまんざら嘘でもなかった。

私は、中学三年生の頃を思い出した。

「ニコチン一家」全員勉強

中三当時、いろんなツレがいた。親友とまでは呼べないが、一緒につるんでいた奴らのことだ。家にもよくきた。母は母なりの評価でツレを差別して対応した。勉強がよくできる真面目そうな子はニコニコ顔で迎えて、コーヒーやケーキなどを出し、不良っぽい子には何も出さないばかりか「早く帰れ」と言わんばかりの表情で接した。

私は、成績はクラスで二〜四番程度で、勉強ができる真面目な子とも付き合いがあった。

また、煙草も吸い他校とのケンカにも参加していたので、「不良」と呼ばれている子たちとの付き合いもあった。母は常に私の行動を監視するかのように「友達は選びなさい」とか「自分のプラスにならない子とは付き合わないように」と言っていた。誰から聞いていたのか分からないが、私の悪事をよく知っていた。

当時、私の家は敷地面積二〇〇坪以上あり、本宅とガレージ付きの事務所、和室四畳半と八畳の離れがあった。私はその離れを自由に使っていたので、行き場のない奴らがよく集まってきた。母の冷たい視線を無視し、日々彼らを集めていた。親友ではないが楽しかったし、離れにたまるようになってから私も彼らも悪事が激減した。

新年を迎え、いつものように離れに集まっていたある日「どんな年にしたいか？　今年の目標は何？」と、一人ひとり語ることになった。「彼女が欲しい」「親に迷惑をかけない」「煙草をやめる」などが飛び交った。不良にもいろいろな夢があるものだとみんなで笑った。そして全員が「高校へ行きたい。受験に合格したい」と言った。しかし私以外のほとんどがクラスでビリ。先生に反抗ばかりしているので「高校進学は無理」とあきらめている者が多かった。

私が「入れる高校は必ずある」と言うと「俺らおまえみたいに勉強でけへんし、アホやから勉強の仕方もわからん。先生にも見放されている」と嘆いた。「それやったら俺が教えるから、ここで一緒に勉強しよう」。受験をあきらめている者も無理やり引きずり込み、全員で受験勉強を頑張ってみようと決意した。
「ニコチン一家一三人」（誰からともなく自分たちでそう呼んでいた）は今までにない目標に向かい、歩み出すことになった。

まず「どの高校に行きたいか」より「どの高校なら入れるか」の検討から入った。考えてもわからないので、担任の先生に相談するところから始めることにした。だがほとんどが担任と仲が悪いばかりか、担任を殴った者もいた。数ヶ月、担任と会話もしていない、授業やホームルームにも出席していない者もいた。担任との相談だけでこんなにハードルが高いとは思わなかった。
「とにかく担任のところに行くしかない。内申書を書くのも担任だし」とみんなで覚悟を決め、一月の始業式終了後、担任と相談することとし、三つの約束をした。
一つ　まずはこれまでのことを謝る
二つ　何を言われても反抗せず、我慢する
三つ　これからは遅刻しない。すべての授業に出席し、真面目に頑張る
私は「無理でもやれ」と全員に誓わせた。

始業式から遅刻せずに登校するために、また、服装（変形服ではなく標準服）をチェックし合うために、学校近くの空き地に集まった。全員が標準服を着て意気揚々と登校した。最も驚いていたのは先生たちだった。各ホームルーム終了後、「それぞれが担任のところへ出向き、頭を下げ相談する」ことになっていたが、おそらくカズキとヨウスケは行かないだろうと思って、監視していた。ヨウスケは行ったが、カズキはこっそり帰ろうとした。つかまえて「何帰ろうとしてんねん」。「やっぱり俺、あいつと話すの無理や。前に殴ってしもうたし……」。

仕方なく、担任のところまでついて行った。カズキは三つの約束を守りよく我慢していたが、担任の態度には本当に腹が立った。「頑張れ」どころか「受験できる高校はない」とはっきり言われた。それでも進学の意志は伝えてきた。カズキは悔しさを押し込め涙をこらえながら「俺やっぱりあかんわ。今から就職先を探そうかな」と言った。「あほ言うな。仕事はいつでもできる。とにかくやれるだけやってみよう」と言いカズキの家の前で別れた。

その日の午後、離れにみんなが再び集まった。心配していたがカズキはやって来た。その日はお菓子がいっぱい集まった。母親たちが、みんなの決意に喜び持たせたのだろう。

私たちは今日のことを振り返りながら語り合った。

約束は全員何とか守れたようであった。カズキのようにひどいことを言われた奴もいたが我慢したとのことだった。一三人のうち「行く高校がない」と言われた者が半数以上。ほとんどがクラスの最下位だから仕方なかったかもしれないが。

何人かがもらってきた高校の偏差値一覧表をみんなで見合った。公私立ともに偏差値最下位の学校と学科に絞って各自の志望校を決定し、合格を目指し受験勉強に取り組むことにした。

計画的に基礎学力向上を目指し、壁にはなぜか「禁煙」の文字を貼って勉強スタート。家の事務所から連絡用の黒板を持ち出し、学校からチョークを持ち帰り、勉強道具も整えた。

初日、数学は計算、国語は漢字、英語は簡単な単語で学力を試した。予想以上にできなかった。「こりゃ、ほんま頑張らんと無理やで」と強く感じた。普段入ったことのない職員室の中を回り、先生に頭を下げ、問題集や参考書を集めた。イヤなことをいっぱい言われたが「こいつら、卒業式覚えとけよ」と思いつつ、作り笑顔で我慢した。

来る日も来る日も離れで勉強し、それぞれの家でも、私の出した宿題をやる努力が続いた。私は自分の受験勉強もせず教え続けた。くじけそうになったこともあったが、励まし合い頑張り続けた。これを「切磋琢磨」と言うのだと思った。みんなは「学ぶ喜び」、私は「分ってもらえた喜び」を実感した。母は猛反対していたが、周りの言うことを無視しがむしゃらに突き進んだ。「俺の将来は教師かな」と思い、日々、先生のような振る舞いで、彼らとのかかわりに酔っていたのかもしれない。

その結果、私を含め全員が志望校に合格した。「俺だけ落ちるような気がする」と、受験前日泣いていたカズキも見事合格していた。祝う会や打ち上げをすることもなく、「ニコチン一家」は解散した。以後、みんなで集まることはなかった。

高校入学後、ときどき彼らを駅で見かけたり、偶然出会って話すことはあったが、それ以外で出会うことはなかった。だからその後、彼らがどのように過ごしたのか、高校を卒業できたのかもわからない。

ただ卒業式の日、「お礼参り」と称して複数の先生を殴ろうと思っていたが、そんな気が全く起こらず普通に式を終えた。担任は、私が卒業式の数日前「卒業式の時は覚えておけよ」と言ったのを気にしたのか式を欠席した。クラスの生徒名を読み上げたのは教頭だった。「何で、休んだんやろ。お礼言おうと思ってたのに」という女子たちの声に「自分のせいなのか…?」と少し胸が痛んだ。

M興行の社長に将来の目標を尋ねられた時、とっさに「教師」と答えたのは、このことがあったからかもしれない。糸の切れた凧のように過ごしていた私だが、今後歩むべき道がぼんやりとだが見え、同時に窮地を逃れることができたように思えた。

第三章　教師になる！

視力維持の可能性

「目の宣告」から五年近く経ち、二三歳なった。視力低下は感じるがまだ見えている。自転車は乗れるし、時にはバイクも車も運転できた。ただ新聞の画数の多い漢字は読めなくなっていた。「いつまでもつのだろう。ホンマに網膜色素変性症なのか？」と考え、再度受診することにした。久しぶりに帰郷し、一八歳の頃大学病院を紹介してくれた眼科で症状をいうと「網膜色素変性症の名医がいる」と教えられた。紹介状を持ってその名医を訪ねた。ビルの四階の病院に到着して驚いた。待合室から人があふれ行列ができていた。診察開始の午前九時の一〇分ほど前だったが、すでに五〇人以上の列。待つこと三時間半、診察は一二時半過ぎ。結局その日は視力検査と次回検査の説明と予約だけだった。視力は両眼とも0.2程度。以前、他の眼科でいろんなレンズを試したときと同じで、それ以上になることはなかった。

数日後再び受診。視力・色覚・視野の検査の後、瞳孔を開き、眼底写真を撮り、暗室で特殊な機器で診察。その後も数日にわたり、明暗反応検査や、血管注射で液体を注入し網膜の毛細血管の血流を観察する検査をした。診察のたびに瞳孔を開き、眼底検査を繰り返した。

一ヶ月ほどあと結果が出た。「網膜色素変性症とは断定できないが、そうではないとも言えない。疑いがあると言えるだけです。はっきりしているのは、色弱、先天性夜盲症、弱視。すぐ失明することはなく、失明しないかもしれない。しかし徐々に視力は低下する。どこまで維持できるかやってみよう」と告げられた。ただ、私の両親がいとこ同士の血族結婚であるため、先天的な原因もありうるということだった。

小学校低学年の頃、家族で蛍狩りに出掛けた時のことを思い起こした。みんなは小川にかかる細い橋をスイスイと渡っていたが、私は橋が見えず地面を這うように手探りで渡った。その後、眼科に連れて行かれ「鳥目(夜盲症)」と診断された。その日から鳥の肝やレバーをよく食べさせられた。年齢を重ねるにつれ、多少見えにくくても、夜その橋を立って渡れるようになり、あまり気にしなくなった。

小学校六年の頃、視力は1．2ほどだった。弟から顕微鏡のようなものをもらった。小さな巻物がセットされていて覗くと肉眼では読めない文字がはっきり読めるとのことで覗いたが、ぼやけて読めなかった。「ピントがずれている」と思い茶の間に放置した。数日後、再び覗いても同じだった。こたつの上の、母の近視用メガネで覗くとはっきり読めた。今思えば、それも目の異常のせいだったのだろう。

また、中学生のころは太陽の光が異常にまぶしく、日差しの強い日中は目を開けているのがつらくなった。体育の授業のソフトボールでショートを守っていた。打球が放物線を描き私の方へ飛んできた。打ち上がったのは見えたが、放物線の途中で見失った。頭上近くから落下してくるボールが突然現れた。あわててキャッチしようとしたが落球した。ライナーやゴロはさばけるのに、フライは途中で見失うことが多かった。この時も誰にも相談せず放置した。「メガネをかければ見えるのでは……」と軽く考えようとしていたが、メガネには抵抗があった。ほかにも視力の異常を感じることはあったが、放置し続けたことが、より悪化させたかもしれない。

今告白、「楽々単位取得計画」

無理かもしれないがとりあえず教員免許取得をめざし大学に通うことにした。

故郷を離れ五年半過ぎた大学後期の一〇月、残り二年と半年で卒業する計画を企て、初めてまじめに履修届を提出した。どの先生の科目が修得しやすいかなどの情報を聴き込み、熟考して選択した。同級生のほとんどは卒業していたが、知る後輩や留年している同級生もいた。「しげきと絡むと留年する」の噂も飛び交う中、協力者を見つけるのは苦労したが、大豪遊していた時代に夕食などをおごった友人だけは少し使えた。一年生で修得すべき科目から履修をスタート。それまでの四年間でなぜか一一単位が修得できていた。一年の時、出席せずに試験だけ受けた記憶のある科目もそれだろうと思った。教職課程の取得も含めあと二年半、通算八年で卒業する計画ができあがった。

後期の授業が始まった。大学は山林を切り開いて建てられたので学舎間の高低差が大きく、急な坂道ばかり。学舎間の移動距離も長く、山岳ハイキングのようであった。正門にまでも登山のように登らねばならない。体育などは山間の林道を三〇分ほど歩かねばグラウンドに着かなかった。登下校、校舎間やグラウンドへの移動だけで疲れた。講義は一コマ一〇〇分で月曜から金曜は四コマ、土曜は二コマ。時間割表は空き時間がまったくなかった。

「さあ、卒業と教員免許取得をめざしスタート」とはいったが一週間でイヤになった。高校時代もきちんと受けていないのに大学の一〇〇分間講義は耐えがたかった。わずか五日ほどの受講の間に「サボって帰ろう」という心との葛藤が何度もあった。ただ、大学は山の上なので一度登校すると下校する気も失せてしまう。それがむしろ良かったのかもしれない。友達もいないし常に一人行動。周りは仲間やカップルで仲良く受講している。全員私より年下で十代も多く、私から声をかけることもできなかった。そこでさらに五日ほど頑張り、経過を見て出席計画を見直した。

今思うと「何というズルい手口か」と恥じる以外ないが、あえて告白する。

『楽々単位取得計画「まじめにさぼる」』

1　出欠をとらない講義は出席しない。

2　出欠をとる講義はときには代返もしくは出席カードの記名代筆を人に頼む。そのために知り合いを作る。

3　計画的に欠席し、各科目の欠課時数が開講時数の三分の一を超えないようにする。

4　教室では、居眠りしても目立たない後方の席を選ぶ。

勇気を出して声をかけ、昼食をおごる作戦から取り組んだ。見返りに出席の代返、代筆を依頼する。全員年下だから彼らは先輩の願いを聞き入れるしかなかった。また、貧乏学生にとって昼飯の誘惑は大きく、「身代わり君」たちはすぐ確保できた。その計画は順調に進んだ。

私は日曜以外に二～三日休めるようになった。さらに、大学に最も近い、学生たちが集まる喫茶店風の小レストランの常連となり、「身代わり君」製造計画を実施した。アットホームな店で、すぐママさんとも親しくなり、時には三度の食事すべてをそこでとるようにもなった。徐々に知り合いが増え、入学後初めて年下の女性の後輩もできた。

「身代わり君」たちは本当に有能だった。私と同じ学科の学生も多く、いろんな情報もすぐ入手できた。ただ彼らに活躍してもらうためには、それなりのお礼（食事）が必要だった。そのうち「ツケ」ができるようになり、月末払いで食費を支出するようになった。費用の支えは親の仕送りとパチンコ、麻雀の収入。これまでお金を計画的に使ったことはなかったが、食費を節約し貯えて支出した。

彼らはノートのコピーや試験対策まで協力してくれ、私はこの年の単位をすべて修得できた。少々出費はあったがこの楽さには代えられなかった。私は「さぼりのプロ」となった。「身代わり君」の中には完全に私になりきり、講義の先生も彼が私だと思い込んでいる人もいた。

出席も試験勉強もせず受験だけしてなぜ合格できたのかと問われるなら、すべて「身代わり君」たちの試験対策のおかげとだけ答えておこう。

こんな目でも教師になれるのか…

体育と、少人数で受講する英語だけは自分で出席していた。困ったのは、文字が読みにくいことだった。紙の文章は拡大すれば読めるので、常に拡大レンズ（ルーペのレンズ部分）をポケットに忍ばせ、気づかれないように取り出し、隠れて読んだ。持ち帰る場合は図書館や文具屋さんで拡大コピーして読んだ。「目が悪くて文字を読むことができない」とは言えなかった。哀れみを持たれ気を遣われるのがどうしてもイヤだった。だから家族以外は私の目の状態を知らなかった。「こんな目でも教師になれるのか。就職でき生活できるのか」など不安に押しつぶされそうだったが「それはそれ。とにかく卒業する。教員免許を取得する」と決めていたので「それに向かって歩くしかない。その先はその時に考えればよい」といつも自分に言い聞かせていた。

八年目（大学四年）は「身代わり君」の数も減り、自分で出席する講義も多くなった。ゼミや私の担当教授の授業が増えたからだ。

母は「卒業できていないのは目が見えないから」と決めこみ、担当教授（チューター）

に私の目の状態を知らせ、支援をお願いする手紙を書いたようだった。教授に呼ばれ事情を聞かれた。正直に自分の目の状態を話した。他の教授や講師たちにも伝わり、顔も名前も覚えられて、代返、代筆ができなくなったのだ。その頃は母に対して「余計なことをして」と思ったが、今思えばたくさん受講できて良かった。

私を心配して日々胸を痛めていたに違いない母の気持ちに全く思い至らず、そのまま歳月が過ぎてしまったことが今にして悔やまれる。

大学八年目の六月、教育実習が始まった。教員免許取得のため必ず越えなければならない大きな壁だった。大学の付属高校で二週間実習することになった。私は実習生の最年長で、年下の教師さえいた。その教師は少林寺拳法の道場の後輩で、私に気を遣い過ぎて疲れている様子であった。

私は数学の教師を目指していた。実習の初授業。何度も教科書を読み込み、予定のページをすべて暗記して臨んだ。冒頭から妨害する一人の男子がいた。笑いながらあしらっていたが、何度注意しても同じことを繰り返す。担当教員は黙って見ているだけ。ついに「うるさい。黙れ」と言った。堪忍袋の緒が切れてえり首をつかんだ。椅子から転げ落ちた彼が「なんな、おまえ」と立ち向かってきたのを蹴った。生徒はあおむけに倒れた。「調子にのっているのはお前じゃ。いつでも相手になるからかかって来い」と言った。彼はすねた目で私を見上げながら黙っていた。

突然、生徒指導の先生が数人入ってきて、彼を連れて行った。私はそのまま授業を続けた。教室は終始水を打ったように静まり返っていた。この件で誰からも何も言われることなく私の二週間は終わった。これ以外に授業を行なったのは一度だけ。もちろん二度目はその生徒のいないクラスで行なった。そんな私の教育実習だったが、結果は合格。「俺、こんなんでホンマに教師できるんやろうか？」という不安だけは残った。

再び大学生活に戻り、残りの単位も教職課程の単位もすべて修得でき、卒業論文提出で卒業は確定した。三月の卒業式には出席しなかったが、後日卒業証書と教員免許証を受け取りに大学事務室に行った。「おめでとう」の一言もなく渡されただけだったが、それでもうれしかった。

自力二割、他力八割で得た卒業だが、当時の私にはそれなりの達成感があった。まったく就職活動をしていないので不安だったが「まあ、なるようにしかならない」と考えることで、気持ちを落ち着かせた。「入学後の五年半を考えると、今の自分と出会えたことだけでも幸せだ」と感じようと自分に言いきかせた。

第四章　運命の出会い

不安封印「楽しく生きる」

私は努力が嫌いだ。私の辞書に「努力」の語はない。「今、自分が持ち合わせている力で要領よくこなす。できるだけ楽に早く」がその頃のライフスタイルだった。書道、水泳、ハンドボール、ビリヤード、ボウリング、柔道、少林寺拳法、空手とやって、それなりに上達したがあきらめも早く、投げ出してきた。ある程度までは到達できるが、それ以上は努力が必要になるからだ。

小学六年まで水泳教室に通い、六年の夏休みに市民大会に出場し五〇メートル平泳ぎで二位となり地区大会に出場した。予選一回戦は一位通過して迎えた二回戦。「バン」という合図とともに八人が一斉にプールに飛び込んだ。あと五メートルでターンとわかる赤いラインが底に見えた。その瞬間、すでにターンを終えすれ違う奴を横目で確認した。結果は四位で二回戦敗退。「こんな魚みたいな奴には勝てない」と、すぐ水泳をあきらめた。

ボウリングは中学からマイボール・マイシューズを持ち、数々の大会で入賞した。大学入学後も一年近くはプロボウラーをめざし、ボウリング場と契約してプレイしていたこともある。努力せず楽しみながら才能をめいっぱい出すスタイルで取り組んだ。月間アベレージが二〇〇ピン近くなったこともあった。当時のプロテストは、三〇ゲーム、アベレージ一九三ピン以上で合格できたと記憶している。私もチャレンジしたが三〇ゲームも集中力が続くはずもなく、途中であきらめて帰った。他のスポーツも同じだった。

そんな私が、大学生活六年目の四月、学生にはぜいたくなバス・トイレ・キッチン付きのワンルームに引っ越した。大学に近くこれまでよりずっと快適に暮らすことができた。そのうち、近所に住む学生たちを集めて麻雀や鍋パーティーなどをした。しばらくすると後輩たちが入れ替わり立ち替わり来て、毎晩のように夕食を一緒に食べるようになった。ある時期は炊事当番まで決め共同生活をしたこともあった。

女子学生の出入りも多く、鍋パーティーで七～八人の女子に囲まれたこともあった。食後は深夜までトランプなどを楽しみ、時には女子が私の部屋に泊まっていくこともあった。風呂に入り、私のパジャマを着て、私のベッドで寝る。まるで私の彼女のように泊まる子もいたが、友達以上の関係にはならなかった。危うい場面も、恋に落ちそうなときもあったが「俺は誰も幸せにはできない。恋愛に発展しても結婚はできない。だから恋はしない」と決めていた。目のことがあるからだった。

しかし「今を楽しむ」ことは積極的に行った。海や山へよくドライブし、宿泊スキーにも行った。合コン状態で日々過ごしても部屋に集まるメンバーでカップルは一組も誕生しなかった。これが良かったこともあり、この状態が二年ほど続いた。本当に楽しかった。

洗濯・炊事・部屋の掃除までしてくれる子もいた。毎朝二階に住む、私より一つ年下の保育士さん（友人の彼女）がコーヒー持参で起こしてくれる。彼女でもないのにいろいろ世話をしてくれてうれしかった。男ばかりのヤンキーたちとのむさくるしい中学時代の共同生活的な時と大違いだった。一週間連続で泊まった女子もいた。気が付くと、私が寝ている布団にもぐり込んで寝ていたこともあった。抱きつかれたこともあったが「一線を越えてはいけない。越えればこの生活は終わる」と必死で耐えた。

飲めない同士が出逢った

目の不安を抱えながらも自分なりに充実した日々を過ごしていた。相変わらず麻雀、パチンコは続けていたが、週に二度は登校していた。レストランで出会った後輩たちや大学で知り合った学生たちと一緒に過ごすことが増え、我が部屋での炊事も日替わりの当番制になり、一人で食事をすることがほとんどなくなった。

大学七年目を迎えた九月、たまり場のレストランのママさんが「レストラン主催のボウリング大会をしたい」と私に持ちかけ実施することになった。後輩たちは、男女のペアマッチを提案してきた。「じゃあ、男女四〇人ずつ集め、その場でペアを決めるくじ引きで楽しもう」と答えた。チラシを作り、他の大学でも募集することにした。ボウリング場の予約や賞品の準備等は私が担当した。プロボウラーを目指していたこともあり、大会実施の経験があってスムーズに事を運べた。後は、特に女子が多く集まるかの心配だけ残った。とりあえずボウリング場に一五レーンほど予約した。

当日、大学と専門学校合わせ五、六校から男女四〇人ずつ、合計八〇人が集まった。女子は圧倒的に他校生が多く、大半が初めて出会う人だった。くじを引き次々ペアが決まって行った。留年を重ね、たった一人残っていた同級生が「いい出会いがあるって言うから参加したのに、俺の相手はレストランのママさんやんか」と怒り口調で訴えてきた。「じゃ、俺と代ってあげる」とくじを交換した。彼はうれしそうにくじをにぎりしめ、相手を探していた。あちこちで歓声が上がり、ペアになって自分のレーンへと進んだ。ペアを決めるだけで、こんなに盛り上がるとは思わなかった。

ゲームスタート。一投目は女子、二投目は男子。女子がストライクを出すと順番が入れ替わるルールで、二ゲームのトータルピンで競う。上位入賞者やいくつかの順位のペアには賞品が贈呈されることになっていた。

私はママさんとペアで参加した。主催者側なので、自分より周りのことが気になった。一ゲームが終わり、私とママさんペアが一七〇ピンを越え、四〇組の中で一位。二位に五〇ピンの大差をつけていた。


「このまま続けたら主催者ペアが優勝し、用意した賞品を自分が持ち帰ることになる。アカン」と思った。ママさんは能天気に喜んでいたが私は「二ゲーム目は得点を落とそう」と考えた。大きく下げないと入賞してしまう。スペアーを取らずミスすることだけ意識して臨んだ。ボウリングでそんな経験はなく不思議な感覚だった。ママさんもある程度上手なので「ストライクだけは出さないで」と祈る気持ちだった。恐れが現実となった。六フレームにママさんがストライクを出してしまったのだ。

投球順が入れ替わり、一投目を私が投げることになった。すべて一番ピンを外し、スペアーの取りにくい形になるよう、時にはガターを交えながら工夫して投げた。ストライクを狙うより難しかった。結果七〇ピン台の得点だった。ここまで落とすと大丈夫だろうと集計した。何と全体の六位。賞品は五位以上だったので胸をなで下した。そんな努力も知らずにママさんは「あと二本倒したら五位だったのに」と残念そうにしていた。入賞できないのを喜んだのは初めてだった。

希望者を募り二次会へ流れた。居酒屋貸切りだ。担当は私ではないが主催者側なので参加せざるを得なかった。酒も飲めない、煙草も吸わない。煙草はこの年の誕生日にやめたばかり。悪事を重ねてきた自分が教師を目指す「みそぎ」と考えてやめた。それに女性が酒に酔う姿を見るのがイヤで、過去には酔っぱらって絡んできた女性を川へ突き落としてしまったことがあった。酒の席に女性がいるだけで嫌悪感があった。雰囲気を壊したくないし、参加したくないがやむを得ず参加した。

居酒屋は中央にテーブルがいくつかあり、それを囲むようにソファーが用意されていた。男女合わせて三〇人ぐらいいたと思う。「乾杯」の発声とともにコンパのような飲み会が始まった。私は隅の席で一人ジュースを飲んでいた。一人の女性が私の隣に座ってきた。N子と名乗っていたがすでに酔っぱらっていた。私の腕を取り「ねえ、どこかに連れてってて」と迫ってきた。本当にイヤだったが「忍」の一文字を思い浮かべ笑顔で耐えた。

気付かれぬように席を移動した。その席の近くで私と同じようにジュースを飲んでいる女性がいた。酒を飲んでいない女性は彼女だけだった。「えっ、飲まないの？」と尋ねると「飲めないの」と答えた。「やったね。俺も飲めない」と窮地を脱した気分だった。しばらく彼女と話していたが、またN子がさらに酔っぱらってやって来て私に絡んだ。その時彼女は「ごめんね。この子、酒癖が悪いんです」と言った。彼女とN子は同じ学校の同級生だった。お開きとなる寸前、ペアのくじを交換してやった友人に「お前が話していた子の電話番号を聞いてほしい」と頼まれた。「自分で聞け」と断った。彼は「俺そんなのできないねん」と強く頼んできた。「しゃあないなあ」としぶしぶ引き受けた。

尋ねる機会が居酒屋を出た後にきた。偶然、彼女と帰る方向が同じで、しばらく一緒に歩くことになった。これまで女性に電話番号を聞いたことがない。勇気を振り絞って「電話番号を教えてくれる？」と頼むと「いいですよ。覚えやすいから覚えてね。◎◎◎◎◎」と教えてくれた。数字が若い順に連続で並んでいて、信じられなかった。「えっ、本当に？」と尋ねると「はい」と笑顔で答えた。「ウソをつかれている」としか思えなかった。

過去にツレと一緒に遊んでいた時、偶然出会った女の子にツレが電話番号を尋ね、気軽に教えてもらえたことがあった。後日電話すると「は〜い、私リカちゃん。一緒にお話ししよう……」。当時流行していたリカちゃん電話の番号だった。その経験から「きっとその類の電話番号だ」と私は決めつけた。しばらく一緒に歩き別れた。帰宅して友人から「聞けた？」と尋ねられたが、偽りと思っているから「いや、よう聞かんかった」と答えた。友人は残念そうにしていた。

これが私の人生の大きな「出逢い」となるとは夢にも思わなかった。

「きっと俺は幸せになれる」とプロポーズ

普段の、大学・共同炊飯・麻雀・パチンコの生活に戻って一〇日ほど過ぎた日、ふと彼女のことを思い出し「騙されている」と思いながらも電話をかけてみることにした。一度聞くと絶対に忘れようがない番号なので「いったいどこにつながり、誰が出るのだろう」という興味もあり、プッシュした。「プルル」と二度ほど鳴り「はい、〇〇です」と、彼女と同じ苗字を名乗る声が聞こえた。「▽さんおいでになりますか？」。今までに使ったことのないていねいな口調で尋ねると「少しお待ちください」と言われた。しばらくして彼女が電話に出た。嘘みたいな番号が、本当に彼女の自宅の電話番号だった。何を話したかまるで覚えていないが、次に会う約束だけはした。「友人に悪いなあ」という後ろめたさはあったが、内緒で会うことにした。

私たちは駅前で待ち合わせて動物園へ行った。私からの提案だったと思う。今考えると大人が、しかも初デートとなるかもしれない時に動物園ってあまりにもセンスのない選択だったように思う。私は、動物、昆虫など生き物が大好きで久しぶりの動物園を楽しんでいた。その様子を彼女は面白そうに微笑んで見ていた。

その後付き合うことになったが、久しぶりに彼女ができたうれしさより「抜け駆けした」という後ろめたさでいっぱいだった。きちんと付き合ったのは彼女が初めてかもしれない。交際を一年ほどした人はいたが、高校時代からの唯一の親友の紹介で、彼の手前、なんとなく交際したというだけだった。遠距離だったので一年に三、四度のデートしかなく、手もつないでいない。手紙のやり取りが中心で、いつしか自然消滅の形で終わった。それ以外に高校時代に二人交際したがそれぞれ二ヶ月も続いていない。

彼女は短大、専門学校で取得した資格を生かし市役所の保健師として働いていた。動物園以降もデートを重ね、お互いに惹かれ合うようになった。しかし私には目のことがある。「もし結婚しようものなら、いつか目で苦労をかけることになる。このまま続けてもよいのか」と考えるようになった。

交際二ヶ月後の一二月上旬、二人だけで深夜映画を観に行った。題名は覚えていない。終わると彼女の終電車に間に合わない。「絶対に何もしない」と約束し私の部屋に泊めることにした。私は電話で、共同生活者たちに「部屋を清掃しておくこと、今夜は私の部屋には誰も来るな」と伝えた。

歩きながら目のことを告白した。それでも彼女は「付き合っていきたい」と言ってくれた。「俺はおまえを幸せにできないと思う。逆に苦労をかけ、不幸にしてしまうかもしれない。でもおまえと一緒になればきっと俺は幸せになれる。そんなんでもいいの？」と尋ねた。「うん」とうなずいてくれた。誰にも言わなかった目の話をしてまで尋ねたのは「運命の出会い」を感じたからだった。

その二年四ヶ月後に結婚することになるが、私はいわゆるプロポーズはしていない。したとすれば、その時のこの言葉だったと思う。

私の部屋で彼女は入浴後、私の洗い立てのパジャマに着替えた。「俺のベッドで寝るか？」と尋ねると「こたつでいい」と答えた。「俺がこたつで寝るから、ベッドを使ってよ」と言ってもかたくなに拒みこたつで寝た。その理由は後日わかった。部屋の数か所にコンドームが忍ばされているのを彼女が発見したからだった。「やっぱり男は信用できない。この人、私を襲うかもしれない」と思ったらしい。もちろんその夜は何もなかった。

彼女が帰った日の夕方、後輩二人が部屋に来て「先輩、あれは役に立ちました？」と笑いながら尋ねた。「えっ、なんのこと？」。「ほらッ」とこたつの下からコンドームを取り出した。わざわざ買ってきて、いたずら心で私の部屋のあちらこちらに仕掛けたそうだ。後日、彼女にそれを言うと「あのときはびっくりしたわ。だから警戒したの」と言っていた。

数日後、私にリベンジの機会が訪れた。後輩の一人に初めて女性の友人ができた。ある日、彼はその女の子と自室でテレビを観ながら歓談していた。私は以前にプレゼントされたコンドームをすべて風船のようにふくらませ彼の部屋に投げ込んでやった。後輩は慌てて回収していたが、彼女は「あっ、風船がいっぱい」と遊んでいたらしい。コンドームとはわからなかったようで、笑い話で終わった。だが後輩の恋は片思いで終了となった。

その後順調にデートを重ねた。アイススケート、ボウリング、スキー旅行など、スポーティーなデートもたくさんしたが、最も多かったのはパチンコ店でのデートだった。彼女が私の隣に座り、私のパチンコをずっと眺めているというデートだった。

「こんにちは」にいきなり「まだやらん」

初めて彼女の家へあいさつに行ったとき、私が「こんにちは」と言っただけなのに「まだやらん」と父親からいきなり言われたのには驚いた。

しかし父親のまじめさが十分伝わってきた。仕事一筋で、私と同様に酒も煙草もしない。賭け事もパチンコもせず海と山が大好きな、これまで出会ったことのないタイプの人柄だった。私も早朝からタケノコ掘りや海釣り、貝掘りなどの趣味によく同行した。

また、彼女のいとこの家庭教師をすることになった。金曜日が家庭教師の日。そのあと、金、土と彼女の実家に泊まり、日曜日は彼女が私の部屋に泊まる。翌日の月曜日早朝に私の部屋から彼女が出勤する生活が一年ほど続いた。

卒業を迎える日までの約二ヶ月は、ほとんど登校する必要がなかったので、彼女の実家に居候させてもらっていた。彼女の父は畳の縁を織る工場を経営していて、工場の袋入れや箱詰めの手伝いをし、これまでにない規則正しい充実した日々を過ごした。

大学卒業まで八年という長い歳月を費やしたが、教員免許も取得できた。何より恋愛に縁がなかった私に伴侶とする人が決まったことに、これまでにない幸運を感じ、これからの人生に希望が持てる気がした。

第五章　教師という天職

視力偽り公立中学常勤講師

ある人の奨めで地元の市の教育委員会に中学校の講師登録をした。教育委員会の指定病院で健康診断があった。当然視力検査がある。双眼鏡のような器具を覗き込み、「C」マークの開いている方向を答えるものであった。合格ラインは視力0．7以上で、私の視力は0．2程度。合格するはずがない。列の後方に並び「どうにでもなれ」という気分で順番を待った。

私の前に順番を待つ人が七、八人いた。検査を受ける声に耳を傾けると「右、左、下……」「上、左、右……」という二種類しか聞こえてこなかった。「あっ、視力検査表には二種類しかないのだ、どちらか一方を覚えて答えよう」と考えた。順番がめぐってきた。椅子に座り器具を覗いた。マークがぼやけてまったく見えない。おそらく0．4か0．5以上からスタートしているのだろう。一か八か「右、左、下……」と答えると「はい、結構です」と通過。「ホンマにこれでいいのだろうか」と思ったが、とにかく突破できた。

数日後、教育委員会から連絡があり、一年契約で中学の数学常勤講師として働くことになった。迎えた初出勤、新しいスーツを着て家を出た。到着してまず校長、教頭にあいさつ。その後、教務主任から「所属学年は二年生。一〇組、一一組の副担任。二年二クラス、三年三クラス、計五クラスの数学を担当。週二〇コマの授業になる」と知らされた。

私は何もわからないので「承知しました。よろしくお願いします」と答えるしかなかった。その後全教職員の前に立ち、あいさつをした。教員は六〇～七〇人程いたように思う。緊張してこの日を迎えたのだが、考える間もなく淡々と事が進められ、午前中に帰宅させられた。翌日は始業式。全校生徒の前であいさつをした。生徒は一二〇〇人以上いたように思う。緊張し不安はあったが、なによりも先生の仲間入りができたことがうれしかった。教科書と指導書を受け取り帰宅した。帰宅後教科書を開いたが細かい文字が読めない。教科書を拡大コピーし一冊のファイルにした。「これですべて読める」とは思ったが、かなり目を近づけないと読めなかった。

「熱心すぎる」と苦情が

こうして迎えた初授業。授業に臨む前に、教科書の予定ページの文字、文章、数字をすべて暗記した。このスタイルは、私が教壇を離れるまで続くことになった。このおかげで私の記憶力はかなり向上し、授業以外の、たとえば会議や研修等での人の発言、会議内容などをメモしなくても（できないのだが）正確に記憶することができるようになった。これは、以後生きて行く上で大変役立った。

出席簿には出席番号順に生徒名が記されている。すべて暗記した。多いときは年四〇〇人ほどの生徒名と出席番号を覚えたこともあった。


私は教師を目指した時に次のような先生になりたいと考えていた。
1　世界一めずらしい、楽しい先生
2　どんな子どもに対しても一生懸命で熱くなれる先生
3　ヤンキーは決して見捨てない先生
1は、先生らしくなくて変わっているけど、一緒にいて楽しいと感じてもらいたいということ。2は、子どもたちと一緒に考え、ともに歩いて行けるように。3は、中学三年の時の経験と組長との約束が心に強く残っていたため。

どのような場面でも、この三つを心に秘め、生徒たちに臨んだ。放課後はクラブ活動（ハンドボール部）の指導、と言うより練習に一緒に参加させてもらった。ボールが見づらいのを隠しながらプレイするのは大変だったが、子どもたちと一緒に過ごす楽しい時間であった。

授業やホームルーム活動、行事にも子どもたちの中に積極的に入り込み、一緒に楽しんだ。ある先輩の先生から「そんなに熱心に入れ込んでもあなたは講師で一年で去る。残る私たちが困る。あんまり子どもたちを洗脳しないでほしい」と言われたこともあるが、「自分流」を貫いた。子どもたちはいつも温かく接してくれた。私は、常に冗談を交えて会話を楽しむことを意識し、笑いを誘った。子どもたちの笑顔は私の最大の力となった。その反面「これはアカンこと」と判断した時はきびしく叱った。ヤンキーたちには、時には手をあげることもあった（後に書くが、今はしない）。子どもたちには「あいつは面白くて楽しい奴だが、怒らすとヤバイ」と噂されていたようだった。

ある日、三年生の授業中に一人の女子が遅刻した。「遅いぞ」と言うと少し怒ったような態度でカバンを放り投げるように机の上に「ドン」と置き、大きな音を立てて椅子に座った。私は「きっと生徒指導の先生にでも叱られてきたのだろう」と思ったので、その場はそっとしておいた。男子とは絡みやすいのだが、女子と絡むのは少し苦手だった。その後、彼女の態度は悪化。イライラ度も増してきた。「どないしたんや」と尋ねると「うるさい。放っておいて」と返された。私はその場で厳しく叱ってしまった。その日はそれでおさまっていた。

翌日、私はいつもと変わりなくそのクラスの教室に入った。様子が普段とはまったく違っていた。机も椅子も後ろ向きにし、女子全員が黒板を背に座っていた。女子全員が私の授業をボイコットする気持ちの表現だと感じた。

一番前の席の男子に「これどうしたん？　何とかならない？」と尋ねると「俺たちには無理や」と小さな声で答えた。説得をあきらめ、男子全員に「お前ら、全員机、椅子を後ろに向けて座れ」と指示した。全員が黒板を背にし、私は後方の壁の小さな連絡用黒板を利用して授業した。この形で授業したのは一回きりだったが、女子とは数ヶ月ほどうまくいかなかった。聞くところではその子は女子のリーダーで、その子と私が仲良くならない限り、女子は私と仲良くできないとのことであった。数ヶ月後、その子と自然に話すようになり、女子との関係も正常化したが「やはり女子は難しい」というイメージが痛烈に残った。

その後どんどん子どもたちの中に入り込んだ。休憩時間や昼休みは子どもたちと遊び、遠足や社会見学などの校外行事でも常に私の周りに子どもたちがいた。他の先生たちはそんな光景を、何か言いたげな冷やかな視線で見ていたように感じた。

校長の強い推薦で…

契約が終わるころ、校長に「もう一年、うちの学校でがんばってくれないか」と言われ、喜んで「はい」と答えた。また健康診断をしなくてはならなかった。

視力検査で、今年も前回同様に二者択一で、「右、左、下……」と答えた。すると「あなた見えていないでしょう」と言われ、小さな声で「はい」と答えた。見えているふりがばれた恥ずかしさと「先生ができなくなる」という絶望感に押しつぶされた。その後、再検査となったが視力が回復するはずもなく、四月からの契約は保留とされた。

しかし校長の強い推薦であと一年、同じ中学で講師ができることになった。校長は「昨年度のようにがんばってください」と言った。私のことを認めてくれたのだとうれしくなり、より一層がんばろうと決意した。これまでのスタイルは変わらないが、生徒指導に、クラブ活動に、とより熱が入った。

六月中頃、事件が起きた。ヤンキーたちが「助けて」と職員室に駆け込んできた。下校途中に引き返してきたのだ。他校生の殴り込みらしい。グラウンドに目を向けると大きな音を立ててバイクが走りまわっていた。先生たちは職員室から出ようとせず、子どもたちから事情を聴きつつ対策を考えているだけであった。グラウンドではソフトボール部の女子が道具を持って呆然と立っている。私はあわててグラウンドに飛び出た。暴走する数台のバイク。私はソフトボール部の道具ケースから一本のバットを取り出して片手に持ち、バイクに乗った他校生たちに「出て行け」と言って、そのバイクを追いかけた。バイクは爆音とともに正門から出て行った。

私は「また、戻ってきたら……」と考え正門前に立った。坂の上のほうから何十台ものバイクや自転車の黒い集団がけたたましく爆音を響かせやって来るのが見えた。「ヤバイ」と思ったが引くに引けず、仁王立ちで迎えた。いや、彼らを見た瞬間、思考停止し立ちすくんでいたという方が正しい。彼らは奇声をあげながら、私の前を通過して行った。五〇～六〇人ぐらいはいただろうか。その後を追うようにパトカーが数台私の前を通過して行った。

私はパトカーが過ぎ去り静かになったのを確認し、その場を離れた。遠くから見ていたヤンキーたちは、私が職員室に戻るとすぐやって来て「先生、無茶するなあ。あんなことしたら殺されるで」と言った。確かに命の危険は感じた。

その後、ヤンキーたちから一目置かれる存在となり、彼らを指導する際には他の先生からよく呼び出された。しかし警察のような取り調べをする先生たちに腹が立つことも多かった。私は、ヤンキーたちに「俺はあの先生のやり方はどうかと思うが、まあ、言っていることは正しいと思うから今回は我慢しておけ」などと説得することもあった。「先生」というものへの思いは、私の中学時代もその時も何ら変わりないと感じた。

やっぱり、生徒を見下し偉そうにしている先生、口だけは立派なことを言い、理屈ばかりをこねている先生は好きになれなかった。だからこそ、かつて劣等生だった私が先生になったのだ。優等生のままに先生となった人の言うことはあまり理解できないのだ。

どの生徒たちとも楽しめたと思うが、私は「自分らしく、自分が納得するやり方で寄り添い、子どもたちを愛し続けられる教師でいられることを目指して歩み続けたい」とより強く思った。

専門学校――新天地での教師生活

中学の講師二年目、入学式の前日に私たちは結婚式を挙げた。妻に「明日は学校休んでね」と言われていた。ところが教頭から「入学式は頼むよ」と言われ、思わず「はい」と答え、結局結婚式の翌日から出勤となった。私の両親と同居したので、二人だけの新婚生活はまるでなかった。

公立学校では0.7以上の視力が必要なので、公立の教員になるのをあきらめた。私学共通の教員採用試験も一度受けたが、細かい文字が読めない上、マークシートの記入もできなかった。「俺の目ではやはり教師は勤まらないのかなあ」と考えていた。

ある日、妻が新聞折り込みの求人広告を見せ「受けてみたら?」と言った。私立専門学校の数学教員募集広告だった。とにかく応募してみることにした。試験は筆記試験でなく、面接だけだった。狭い応接室で校長と教頭の面接を受けた。校長はその学校法人の理事長でもあった。中学校での給料を尋ねられた。「手取りで一七万円ほどです」と答えると「その程度は支給できます」と言われた。翌日、「採用」の電話連絡があった。文章による通知や労働条件の提示などは一切なかった。

「必ず、この学校に来てくださいね」と言われ「はい」と答えた。何の条件の提示もないまま返事を求められても…とは思ったが、勤める前から待遇を尋ねるのも気が引けたのだ。私立中学校高等学校連盟にも履歴書を出していて、複数の高校から誘いがあった。好条件の提示もあったが、口約束でも「はい」と返事したので「とにかくこの専門学校で働いて来年また考えよう」と決めた。

勤務することになった学校法人X学園には、幼稚園と専門学校が設置されていた。私は専門学校の高等課程に勤務することになった。

調べると、その当時は地域のヤンキーが多く入学していて、生徒指導の大変な学校だった。全員男子だ。ほとんどが高校進学に失敗、あるいは断念して仕方なく入学したのだった。この専門学校にはグラウンド、図書室、保健室、食堂といったものがない。会社払い下げの建物を改装した校舎が三ヶ所に点在しているだけ。一年生は二クラス、二・三年生はそれぞれ三クラス、合計八クラス。全校生徒三〇〇人程度の小さな学校であった。少し離れた場所に工場を改築した体育館があり、そこで入学式、始業式が行われ、新天地での教師生活が始まった。

三年B組の担任に任命され、一年から三年までの全クラスで数学の授業を担当した。三年はA組が就職クラス、B組は就職進学混合クラス、C組が進学クラス。学力はどのクラスもほとんど差がなく、進学も全員同じ学校の専門課程への内部進学を希望していて、このようなクラス分けをする必要がないように感じた。

始業式のあと靴箱を開けると私の靴がなく、校舎横の溝に浮いていた。これが生徒から私への歓迎メッセージであった。

入学式、始業式を終え、教師たちから聞く情報はすべて悲観的だった。「生徒は言うことをほとんど聞かない」「暴力、いじめ、喫煙、シンナーなどがしょっちゅうある」「他の学校で働きたかったが、採用されなくてやむなくここにいる」「給料は安いし昇給がない」など、口を開けば悪口や不満ばかり。

生徒たちも「この学校はぼったくりや」「学校も先生も大嫌い」など不満だらけ。授業が終われば一斉に下校して「放課後」というものがないのと同じだ。生徒が下校したあと机に伏せて寝ている先生もいた。一ヶ月も働かない間に、大変なところに勤めてしまったと実感した。


迎えた初授業。入室してビックリ。半数以上の生徒が机に伏せて寝ている。残りは騒いでいて、私の入室にすら気付いていない様子。寝ている生徒をすべて起こし、他の生徒を黙らせた。一人の生徒から「こんなことするのは先生だけやで。最初や思って張り切り過ぎんなよ」と言われた。結局この時間は、計画していた授業を成立させられず、生徒たちが口々に話す愚痴や反発を聞いていた。矢継ぎ早に問いかける質問に答え、ときどき考えを伝えるだけで終わった。

ある教師にこれを話すと「みんなやる気はないし、放っておいて授業を淡々と進めるだけ。どう授業をするかではなく、この一時間、彼らをどうお守りするかです」と言った。私はその先生に、「やる気のないのはお前やろ」と叫びたかった。そんな先生たちに惑わされることなく、できるだけ生徒のことだけを見るよう心がけた。

あらゆる機会を活かし生徒の話を聴く

授業中はもちろん、休憩時間、昼休みなどに積極的に声をかけ、いろんな話を聞き出した。ヤンキーもたくさんいたが、結構楽しく話せた。劣悪な教育環境の中、きびしい校則に縛られても生徒たちはよく我慢していると思った。それだけで彼らをほめてあげたかった。彼らには友人に会えること以外に学校に楽しみはない。先生たちは校則をふりかざして彼らをしばる。ヤンキーたちはそれに苦しめられる。退学率三〇パーセント以上。でも、彼らはこんな学校でも卒業したい。いや、卒業しないと本当に人生の落伍者になってしまうと考えていた。

校則を破った生徒には早朝登校や別室指導と称する特別な罰が与えられる。私は別室指導の教室に積極的に参加した。「先生は敵」でしかなかった彼らとじっくり向き合える時間が保障されたようなものだ。こんな環境で、校外に出るのも許されず、狭い教室に押し込められて日々過ごす生徒たちをなんとかしてあげたいと常に考えていた。

ある日、私は学校行事のための予算があることを知って、「みんなを沖縄へ連れて行きたい」と考えた。他校では当然の修学旅行がこの学校にはない。すべての先生を説得して、初めての実施にこぎつけた。

私が企画から実行まですべてを担当し、七月後半に行うことになった。企画には無関心に近い教師が、事あるごとに生徒に対して「そんなことしてたら、修学旅行へ連れて行かへんぞ」と脅しているのを見て腹が立った。「みんなが楽しみにしている修学旅行を脅しの道具に使うなよ」と言いたかった。

しかし私自身、他の二人の先生と一〇〇人近い生徒を連れて沖縄へ行くのは不安があった。そこで私はいろいろな場面で子どもたちとの関係を築くことを意識し、特にヤンキーたちとはよく話し込んだ。

別の組の担任と生徒の関係が最悪の状態だった。担任の存在さえ否定している生徒も多く、そのほとんどがヤンキーで、校則違反を繰り返し「退学リーチ」の者も少なかった。修学旅行の成功も失敗もこの組の子どもたちにかかっていると言っても過言ではなかった。

その教室はいつもゴミだらけ。帰りのホームルームが終われば、清掃もせず全員逃亡。担任は黒板にひたすら注意事項を書き並べるだけで、汚れた教室は放置したまま。生徒たちは汚れたままの教室を使い、ゴミが増え続ける。見かねた私は、自分のクラスを清掃したあと毎日清掃に行った。担任は何も言わない。私も話す気にもなれなかった。

この頃から、先生たちより子どもたちと過ごす時間が多くなり、休日も一緒に過ごすことが増えてきた。子どもたちといると楽しいしやりがいもあった。

梅雨時を迎えるころ、いつものようにその組の清掃をしていると生徒が入ってきた。このクラスの最もやんちゃな子だった。

「先生、何してん？」

「あんまりきたないから掃除してんねん」

「傘取りに来たんや。あんまり頑張り過ぎたらアカンで」

「おおきに」

しばらくして彼を含め三人が入って来た。一人が「俺らの教室掃除してくれてんけ。どうりで最近きれいになってんなと思ったんや」と言った。

そして、三人は机と椅子を並べるのを手伝ってくれた。

「ありがとう」と言うと、「先生、そりゃ反対や。俺らが言うことや」と笑った。

彼らはしばらく私と話して下校した。「明日は遅刻するなよ」と言うと、そろって「ハ～イ」と言った。

翌朝、三人が定刻に登校し「先生、来たで」と手を振った。三年になって遅刻しない日は一日もなかった彼らが、遅れずに登校しただけでうれしかった。彼らを見て、「なんや、あいつらもやりゃできるやん」と担任が言うのを聞いて、あきれるしかなかった。

その日以降、教室のゴミの山が姿を消した。別のクラスだが私との関係が良くなり、落ち着いて話を聞いてくれるようになった。どのクラスも旅行の話で盛り上がることが増え「修学旅行はそんなに心配しなくても大丈夫」と思えるようになった。身も心も子どもたちの中に吸い込まれるようで、やりがいを強く感じるようになった。

ひめゆりの塔で「成功」を確信

1　自由行動は十分とる

修学旅行の当日、一〇〇人近い男子生徒たちと次の約束を交し飛行機に乗り込んだ。

2　行方不明にはならないでほしい
3　けんかは絶対にしない

着いてすぐ、ひめゆりの塔を訪問。生徒代表が献花をし、みんなで手を合わせた。後ろから見ていると、あの組のヤンキーたちを含め生徒全員が静かに手を合わせていた。「絶対この旅行は成功する」と確信した。

その後、生徒と一緒に海水浴を楽しみ、浜辺で野球や相撲、そして施設見学もし買い物を楽しんだ。最終日の夜は国際通りに面したホテルに宿泊。「しまった。こんな繁華街のど真ん中なら絶対遊びに行くだろう。止めるのはほぼ不可能だ。もし問題でも起こしたら、これまでの苦労が……」と思った。

そこで苦肉の策で、例の組のヤンキーたちに「おまえら国際通りに連れて行ってやるから七時にロビーに集合しろ」と言った。二〇人ぐらいと想定し「まあ、なんとかなるだろう」と考えていたが、ロビーに出て驚いた。六〇人を超える生徒であふれていた。

「このメンバーと、この数で国際通り？　これは無理や」と感じながらも「一〇時までにはホテルに必ず戻る」と約束して、全員連れ出し国際通りで解散した。彼らを信じるしかなかった。教師は私一人。いろんなグループを見つけては行動を共にしながら見守った。

夜一〇時、私は十数名と一緒にホテルに戻った。ロビーにも十数人がいた。

「みんな帰っているか？」

「もう、みんな帰っているよ」

ロビーで確認できなかった子もすべて部屋に戻っていた。明け方までそれぞれの部屋で盛り上がり、私の部屋にも入れ代わり立ち代り生徒がやって来て話に花が咲いた。

私が入浴するときにも来たので、「そこに座って待っててや」とシャワーを浴びながら声をかけた。浴室から出てギョッ。彼らはテレビで有料のアダルト映画を見ていたのだ。「俺の部屋で何してんねん」と言うと「俺らの部屋には映らんのに先生の部屋だけは映るんや」と笑っていた。あわてて停止させた。有料放送は放映できないようにとホテルに依頼していたのに、教師の部屋だけは残したようだ。楽しく子どもたちと過ごしたが、ほとんど睡眠できなかった。

出発のとき、フロントから私の部屋番号を呼ばれた。行くと「有料放送代をいただきます」と言われた。支払うしかなかった。多くの生徒が見ていた。「先生、すけべやなあ」と笑われ、誤解されたことが何より恥ずかしかった。私の部屋で映画を見ていた奴らも笑っていた。

楽しい思い出とたくさんの土産を手に帰路についた。他の先生がどう過ごしていたかほとんどわからないが、私以上の有料放送料金をフロントで払っていたのには笑えた。

「問題生徒」対応はすべて私に

修学旅行の楽しい思い出を胸に二学期開始。修学旅行の話題になるとどの子も笑顔になった。あちらこちらで思い出話に花が咲いた。この学校に勤務して以来、こんな光景に出会ったのは初めてだった。反対の声があったが、実施でき本当に良かったと思った。ただ、この旅行の話題以外で楽しめる話は他にはなかった。

二学期を過ごすうちに、また生徒たちの不満はあふれてきた。三年生は卒業を意識し、少し落ち着いてきたのだが、二年生以下は、暴言、暴力、破壊、校則やぶりなどが目立ってきた。先生たちは校則を振りかざし問答無用の処分を繰り返すだけである。職員室では「あいつは指導が入らない」とか「あいつはアカン」などの言葉が飛び交っていた。

生徒の話を何も聞かずに、私に完全にゆだねてしまう先生もいた。問題を起こした生徒たちにあたるのはいつの間にか私となっていた。担任たちは、処分内容である早朝登校、特別授業、清掃活動などの指導の役目すべてを私に丸投げする形だった。

いつの間にか、二年生以下のヤンキーたちも私の話に耳を傾けるようになってきた。次第に私は「ヤンキー担当」の位置付けとなり「問題生徒はしげきへ」と言う流れになった。

とはいえ、私の生徒たちへのかかわり方があまりにも型破りなので、時折、教頭から静止されることもあった。ある日、その教頭から私の留守中に電話があった。

教頭「先生はおいでになりますか」
母「まだ、戻っていませんが、何のご用ですか」
教頭「今日の生徒指導の件で……」
母「えっ？　うちの息子、また何かやりましたか」
教頭「先生ではなくて、生徒のことです」

翌日、教頭が笑いながら「先生はいったいどんな学生時代を送っていたのですか。生徒のことなのにお母さんが先生のことだと心配していましたよ」と言った。そして、「先生がヤンキーたちに体当たりで独特な指導をしているのは、先生自身も相当なヤンキーだったからだと思いました」と続けた。

三年生の就職相談を受ける機会も増え、時間を見つけては会社訪問をした。そのうち就職担当となっていた。校長は常に不在、決定権のない副校長と教頭がいるだけ。教職員は授業をこなしているだけに見えた。

私はますます子どもたちの方を向くことでしかモチベーションが保てなくなっていた。生徒指導、就職支援、早朝登校、生活相談などに積極的にかかわり、休日は自宅に招いたり、一緒にレジャーを楽しんだりと、生徒と過ごす時間がますます増えた。

「先生、辞めるつもりやろ」

こうしてついに迎えた卒業式。教師になって三年、この専門学校に勤めて一年、初めて担任として子どもたちを送り出す。そして、彼らを送り出した後は、この学校を辞めるつもりでいた。「この学校での最初で最後の卒業式」の思いで式に臨んだ。式の開始五分前、普段、遅刻を繰り返していたヤンキーたちも、この日ばかりは遅刻ゼロ。しかも静かに着席していた。

開式。担任が生徒一人ひとりを呼名し、卒業証書が校長から授与される。予行の時はでたらめだったヤンキーたちもきちんと礼をし、これまで見せたことのない態度で証書を受け取っていた。私は一人ひとりの思い出を胸に彼らの姿を見つめていた。あんなに学校や先生に反発ばかりして突っ張っていたあの組のヤンキーたち、みんながとても眩《まぶ》しく輝いて見えた。

私の組の番となった。少し緊張しながらマイクの前に立ち呼名を始めた。三人目を呼名した瞬間、体育館の側面の一部から「バン」と大きな爆発音が聞こえた。体育館に煙が充満し式は中断。しかし生徒たちは予測していたかのように整然としていた。数名の教職員が体育館を飛び出し調べてみると、体育館外側の壁が焦げていた。火災には至らず、式は何もなかったかのように再開された。爆発の原因は、私がここに来る前に退学処分となった生徒たちの恨みによるものであるという話を小耳にはさんだ。


式の終了後、子どもたちは卒業式の余韻や思い出にひたることもなく、いつものように一斉に下校して行った。水が引くように一人も残ることなく帰った。教頭が私に近づき「先生があんなに苦労してがんばっても、生徒たちはこんなもんですよ」と笑って言った。私は少し残念だったが「いいんです。子どもたちの踏み台になれれば、それで幸せです」と強がった。「あいさつぐらいして帰ればいいのになあ」とは思ったが、「これでこの学校とはおさらば」と、さらに退職の意志を固めた。

翌日、出勤すると事務員さんがあわてて私を呼びに来た。表へ出て驚いた。フェンスに真新しい自転車が針金でくくりつけてあった。さらに「先生ありがとう」と書かれたダンボールで作ったボードに子どもたちの名前が数多く刻まれていた。

「あいつらしゃれたまねするな」。心が涙に震えた。

間もなく複数の車が爆音とともにやって来て私の前に止まった。「先生、乗れや」。卒業生のヤンキーたちが迎えに来たのだった。わからないまま一台に乗り込むと、そのまま三重県の鳥羽まで連れて行かれた。彼らが企画した一泊二日の卒業旅行に、私も同行させられたのだった。私は仕事を放り出し誘われるまま同行したが、旅行は大盛り上りで、どの時間もどの会話もうれしく楽しむことができた。

夜。みんなに囲まれ「先生、この学校辞めようと思ってるやろ」と問われた。動揺し何も言えずにいた。一人が「先生辞めたら、俺らの遊びに行く学校がなくなるやんか。母校がなくなる」と言った。その気持ちがうれしくて、つい「辞めへんよ」と答えてしまった。さらに、ここに長く勤めて学校を変えることまで約束してしまった。その結果、数々の苦難と闘うことになるとは、まったく想像していなかった。

他校生の乱入、破壊とケガ

私はこうして、辞めることなく勤務二年目を迎えた。二年目からは、専門課程の担任をしつつ高等課程の数学を担当し、進路担当、主に就職先の新規開拓が主な職責となった。午前中は授業し、午後は会社訪問の忙しい日々だった。その結果一〇〇社近くとつながることができ、生徒の希望に応じて会社を紹介できるようになった。

ある日、第一校舎で授業をしていると、七〇〇mほど離れた第二校舎から「すぐに来てほしい」と連絡が入った。「また誰か、何かをやらかしたなあ」と、卒業生にプレゼントされた自転車に乗り、ゆっくり第二校舎に向かった。着いて、想像を絶する状態に驚いた。玄関のガラスが割れている。廊下や教室の窓ガラスも割れ、あちらこちらに破片が散乱している。

「何があった！」、一人の生徒が「なんでこんなときに居てないんや。もう、大変やったんやから」と言った。金属バットや木刀などを持った他校生が乱入して校舎内を暴れ回り、一部の生徒がけがまでしたという。本校の生徒たちのケンカ相手で、トラブルが絶えなかったようだ。それはテレビドラマでしか見ないような状況だった。

緊急の職員会議で対策を話し合った。私が恐れたのはこの学校の生徒による報復であった。生活指導部長もヤンキーたちの担任も、口をそろえて「うちの子は大丈夫、絶対、報復はしない」と言い切った。電話で、そのことを確認したらしい。でも、私ならどうするだろうと考えた。きっと先生に嘘をついてでも報復する。それがヤンキー魂であり、私は過去にそうしてきた。彼らもきっとそうするだろうと思った。

心配は的中した。翌日、彼らはその学校に向かっていた。内心「あいつらもヤンキー魂はあるんだ」と思った。もちろん、私たちは止めるためにその学校へ向かった。私は教頭の車に同乗した。教頭から「どんなことをしても、止めてほしい」と頼まれたので、彼らと乱闘になることを覚悟した。

その学校近くにさしかかると木刀やバットを持った複数のうちの学校の生徒と出会った。私は車を降りて彼らの前に立ち、「お前ら、行くな」と叫んだ。彼らは私を見るやいなや、バラバラと逃げ去った。未遂に防ぐことができたが、数名が警察に補導された。警察署へ出向き、私が「責任を持つ」ということで釈放された。学校へ向かう道、彼らと話していると、自分の中・高校時代を思い出し「俺と同じだな」と感じた。そして、「やっぱり俺は就職担当より、ヤンキー担当の方が向いているなあ」と思った。

生徒の楽しみになる行事を企画

翌一九九〇年四月から生活指導部長と一学年の主任を引き受けることとなった。教頭から「あなたが考える学校づくりをしてください。この学校を学校らしくしてください」と言われた。願いがかなったと喜んで引き受け、生徒のための教育改革に取り組むと決意した。

月間行事予定表を作り生徒に配ることから始めた。他校では当然行われていることが、この学校では初めてだった。狭い校舎・教室から飛び出し、月に最低二度は校外行事を組み入れ、生徒たちがそれを楽しみにするような企画を考えた。学校と交渉を重ね、行事のための年間予算を得ることができた。私は、生徒がことあるごとに口にする「ぼったくり学校」という声をなくしたいと常に考えていた。実は、私自身もこの学校がそう言われることはやむを得ないと感じていた。だからこそ、年二回の遠足と、球技大会、社会見学、体験学習、野外炊さん、ハイキング、スケッチ大会、運動会、文化祭、三者懇談や授業参観なども含め、数多くの行事を企画し実施した。

主任を務める一年生は五クラス、計一七〇人ほど。私はE組担任で、私を含め五人の学年団だった。腰の重い先生たちをあおりながら、すべての行事は私が企画し中心となって行った。生徒たちから楽しみにする声もたくさん聞こえ、一年生から次第に「ぼったくり学校」の声が聞こえなくなってきた。すべてを私に任せてくれたのは、とてもやりやすく、やりがいもあったが、他の先生はこれらに積極的ではなかったので、一七〇人すべてを私が担任している気分になった。

また、他学年からは逆風が強く、私が企画した行事に学校全体で取り組むことはできなかった。孤立無援となることが多かった。教頭は理解者で、常にバックアップしてくれた。これまでも一匹狼で生きてきたので、子どもたちの声のほうに耳を傾け、改革に取り組んだ。

こうして自分が描く路線を独走して二年。担当学年が三年生になる一九九二年三月末、クラス編成会議が開かれた。先生たちからは、「あいつはアカン」「こいつは苦手」「この子の担任をしたくない」などが飛び交う。毎年、手のかかる生徒を均等に分けてクラス配置をしてきた。おそらくこの方法は他の学校でも行われているだろう。しかし、生徒をこのように見ている人たちに任せたくないと思った。

「先生たちが、苦手だ、イヤだと思う子をあげてください」と言うと、三三人の名があがった。私は「では、この子たちを一クラスにまとめて私が担任します。でも、これからはあのクラスはだめだとか、こいつはアカンなどと言う発言はしないでください」と、少し怒り口調で言った。誰からも反対の声は上がらず、あっさり会議は終わった。

ヤンキーばかりの三年B組

クラス発表の日、体育館の壁に名簿が貼り出された。この時ばかりは欠席や遅刻が少なく、不安と期待が入り混じった表情で登校して来る。三年B組を確認したヤンキーたちは口々に「この組なんや。こんなんすでに学級崩壊やで」と驚いていた。

一人が「いったいこのクラス、誰が担任するんや?」と言うと、みんなが一斉に私の方を見た。私のことを嫌いではないが、担任にはなってほしくはなかったようだ。「普段は冗談通じるし、おもしろいが、怒らすと怖い。おまけに遅刻や欠席にはきびしい」とのことだ。でもさすがに、このクラスの担任は私以外には勤まらないと、みな思ったようだ。

その後ホームルームをした。改めて見渡すとヤンキーしかいない。喫煙率一〇〇パーセント。退学リーチ(次何か問題を起こせば退学)も一〇人以上いた。

彼らを前に言った。「クラス三三人、全員一緒に卒業する。これがこのクラスの目標だ」。

ざわつく生徒たちの反応を気にしつつ、決意新たに卒業に向けた一年がスタートした。

やはりこいつらは手ごわかった。服装、頭髪、態度、言葉、行動のすべて校則違反のデパートのようだった。朝のホームルームで教室に入ると、いつも三〜四人しかいない。そこからだんだん増え、昼ごろにほぼ全員がそろう。遅刻の罰に放課後清掃させていたが、毎日三〇人近くもいて邪魔で、思うように掃除できなかった。欠課時数が増えると、定期試験の受験資格がなくなるので、欠席・遅刻は特に厳しく対応した。ほかにもさまざまな問題を起こし、日々忙しかったが、他クラスには問題を起こす生徒がいないので、自分のクラスだけ見張っていればよく、私には楽に感じられた。

生徒たちは私の足音を聞き分ける能力があるようで、騒いでいても、足音が聞こえると自分の席に着き静かになった。

初めての遠足。クラスごとに貸切バスで水族館へ向かった。遅刻も一人の欠席もなく、初めて全員が時間通りそろった。でも、なんとなくイヤな予感がした。

それが的中した。着いて一時間ほど過ぎた頃、B組男子二八人全員がひと固まりになり館内の隅に集まっていた。「きっと何かある」、彼らに近づき「おまえら、いったい何してんや」と尋ねた。「何もしていない。ただ集まっているだけ」。その表情から「絶対何かある」と確信した。これ以上問題を起こすと私もかばいきれなくなる。一人を物陰に連れ出し聞いた。「お前らがやろうとしていることを教えてくれ」。「何もない」と答えたが、表情から嘘が容易に判断できた。「わかった。今ここで俺にボコボコにされるか、それとも何をしようとしているかを話すかどちらかを選べ」と追い詰めた。「そんなん選ばれへん」。どちらを選んでも地獄と感じたのか彼の目はおびえていた。「じゃ。仕方ない」と彼の胸ぐらをつかむと、「言うよ。言うから放して」と叫んだ。

他校生とにらみ合いになり、浜辺で決闘するとのことであった。あわててみんなのところに戻り「おまえら、ここから一歩も動くな。動いたら承知せんぞ。俺が話をつけてくる」と言い一人で浜辺へ向かった。

浜辺には三〇人ほどの高校生らしい黒い集団がいた。見るからにヤンキーとわかる茶髪、変形服で身を固めていた。「まさしくあいつらだ」。放置すれば必ず大乱闘になると思い、近くまで歩いて行った。「お前らか、うちの奴らとケンカしようとしているのは。あいつらは、ここへは来ん。どうしてもというなら俺が相手になる」とタンカを切った。正直、恐怖は感じていたが、ここまで来たらやるしかないと覚悟を決め、彼らの前に立った。睨み合いがしばらく続いた。突然一人が「逃げろ」と叫んだのをきっかけに、私に背を向け一斉に走り出した。同時に私が来た反対側から数人の先生らしき人が走ってくるのが見えた。先生らしき人が「おまえらどうした?」と彼らに問いかけると、「あかん、やくざみたいな人が来た」と言いながら、その先生らしき人たちと一緒に走り去った。

私の後方から、私のクラスのヤンキーたちが「先生無茶したらアカンで」と笑いながらゆっくり近づいて来た。彼らは、物陰から私の様子を見ていたそうで、もし乱闘になったら、いつでも参戦する体制をとっていたらしい。その後は笑い合い、海を見ながら語り合った。

何事もなく終えてよかったと思う反面、俺にはいつまでこのようなトラブルがついて回るのだろうと過去を思い返していた。

それ以後もいろいろなことがあり、特に一学期は大変だった。喫煙、バイク通学、無免許運転、ケンカなど処分される者も少なくなかった。欠課時数の多い生徒への夏休み補習対象者は、私のクラスだけで三〇人近くいて、普段の授業と何ら変わらなかった。補習の時ばかりは遅刻もなく、普段の授業よりきちんとした態度で臨んでくれた。「おまえら普段ちゃんと登校できていたら、夏休みの補習なんか参加しなくていいのに」と言うと「そう思ってるんやけど、でけへんねん。補習頑張るから、よろしく」と笑っていた。

彼らが起こした事件で何度も校長に頭を下げたが、一学期をなんとか終え、二学期を迎えると少しクラスの空気が変わってきた。卒業を意識しだすと同時に就職活動が始まった。ほぼ全員が就職希望。髪を黒く染め、変形服を脱ぎ捨て、就職活動に取り組んだ。私は、過去の経験と私個人の企業とのつながりを生かし、彼らを連れて会社を訪問した。

履歴書作成から面接練習など一緒に取り組んだ。こんなことに取り組んだ経験のない彼らであったが、何度も投げ出しそうになりながら再び気を取り直し、懸命に取り組む姿を見ると私の心は熱くなった。「日々、糸が切れた凧のようにフワフワ生きて、強い力で引っ張られないと行動しない、できない。漢字もあまり知らない。言葉づかいも知らない。こんな奴らが懸命に入社試験に臨もうとしている。何とかしてやらなければ……」と強く思った。

二学期以降は大きな事件もなく、会社から採用内定の通知も続々と届いた。遅刻、欠席の回数もかなり減ったが、数名はなかなか改善の方向に向かわなかった。彼らと私に「出席日数不足で留年」の言葉が迫ってきた。出席すべき日数の三分の一以上欠席で留年となる。それは「みんな一緒に卒業」ができないことを意味する。補習で補える日数も限りがある。そこで「三年B組全員卒業大作戦」を実行することにした。

私は家庭訪問をし、保護者や家族などに協力を依頼した。しかし保護者のほうには「もうこの子に任せているので、どうなるかは本人次第」とか「私の言うことは何も聞かない」など半ばあきらめムードがあった。本人はもちろんだが、この保護者たちに「我が子を卒業させる」という強い思いを持ってもらうのに苦労した。一番の問題は朝起きること。そのために、深夜の外出を控えさせ、私はモーニングコールをし、その子の自宅近くに住む子が朝迎えに行くことも行った。「クラスの仲間たちが自分のためにがんばってくれている」ことで、さすがに本人もがんばらざるを得なくなっていった。

我が家は生徒で超満員

私は、休日も彼らと過ごす日が増えていた。私には四歳、三歳、一歳の息子がいたが、彼らは子どもたちともよく遊んでくれた。

ある日、会議と家庭訪問で遅くなり家に帰って驚いた。生徒とその彼女が来ていて「先生遅いで。子どもの誕生日忘れていたやろ」と言う。何と三歳の次男の誕生会をしていたのだ。そう、私はすっかり忘れていたのだ。彼らはプレゼントまで用意してくれていた。私の子どもたちも生徒が来ると、友人（お兄ちゃん）がやって来たかのようにはしゃぎ喜んだ。

「先生こんにちは」。ある日数人の生徒が訪れた。一人が「他にも来ているんやけどいい？」

と尋ねた。「いいで、みんなあがれよ」と答えた。「じゃあ、みんな呼んでくる」と言って外に出た。入って来るわ、入って来るわ。全員で二六人。古い家だが部屋数は多くみんな入れた。しかし和室八畳の本間二部屋と応接室が満杯になった。妻が大鍋で親子丼を作り、ありったけの食器を使って食べた。帰り際「また来るわ。ありがとう」と手を振っていたが、この時ばかりは「もう来んでいい」と笑って答えた。結束力のあるクラスではあったが、全員が一緒に卒業する、したいという意識がますます高まって来たのを強く感じた。

そんな感じで三学期に突入。欠席する者はほぼいなくなったが、毎日遅刻者がたくさんいた。遅刻の「罰指導」の一つとして冬山登山が企画された。B組の参加対象者は二〇人ほど。欠席する者はいなかった。

二月の寒い日、足にアイゼンを付け、極寒の冬山を三時間ほどかけて登った。私は、一週間ほど前から右足の親指がはれ、痛みが引かないので、前日に病院に行った。菌が入り化膿していて親指を切開し三針縫われた。当日は痛み止めを飲み、松葉杖で参加。登山は私だけロープウェイを利用させてもらったが、二キロほどは杖を使い歩いた。下山後病院へ行くと傷口が開いており、再度縫合された。生徒たちは何のトラブルもなく終えることができた。彼らにはかなり過酷な行事だったがみんな本当によく頑張った。

三三人全員卒業！

卒業へ向かう結束、補習、登山のかいがあり、三年B組三三人全員で卒業式を迎えることができた。

卒業式は学校が決めた流れに沿い、教頭の司会で淡々と進行していくので、内容的には物足りないが、私も子どもたちもそれなりの達成感と感動はあった。何よりうれしかったのは三年生全員が一人の落伍者を出すこともなく卒業できたことだった。

式終了後、B組は、都合で参加できない二人を除いて、一泊二日の卒業旅行に行った。クラスの八割近い生徒が運転免許を取っていたし、車の台数も確保でき、移動には全く困らなかった。旅館は貸切状態で少々騒いでも安心。「おとなしくしろ」と言っても所詮無理。予想どおりの大盛り上がり。

男子は全員大広間で眠ることになっていたが、明け方まで誰も眠ることはなかった。枕投げゲームをしていたので、うとうとしようものなら、枕を投げつけられ、眠るに眠れなかった。風呂は大浴場に男子全員一緒に入ったが、長湯が苦手なのか、私と数人を残しほとんどが早々に上がって行った。

入浴を終え、廊下を歩いていると女子たちが血相を変えて駆け寄って来た。「男子たちにお風呂のぞかれた」と激怒していた。「あいつら、こんな時まで気を抜くことができない」と笑ってしまった。叱らないと女子たちは納得しないので、大広間に全員を集め、女子の前で叱りつけ謝罪させた。よく聞くと、険しい石垣を登り、垣根を越え、その上から見ようとしたが、女子に見つかりお湯をかけられたそうだった。だから、実際は見るまでに至らず、あわてて逃げ出し垣根でけがをしたり、石垣を登る途中に滑り落ち、すり傷を負った者もいたようだった。

女子から「アホなことした罰や」などののしられていたが、最終的には笑い話で終わっていた。のぞきに行かなかった数人にわけを尋ねると「俺らには、彼女がいるから」と答えた。「へぇ～、こいつらでも彼女には忠誠を尽くすのだ」と思った。帰りにスピード違反でつかまった奴もいたが、楽しく学校生活をしめくくることができた。

この日以降、私は卒業式の後は、教職員の打ち上げには参加せずに、子どもたちとの卒業旅行や打ち上げに参加することが多くなった。

第六章　闘いの日々が始まる

同僚の解雇――体罰を変えるきっかけに

翌一九九三年度、一年生の学年主任となり新入生を迎える準備をしていた。そのさ中、生活指導部の一教諭が解雇された。解雇の理由は体罰。今では信じられないことだが、当時の学校では、厳しい指導と称し平手打ちや「けつバット」などの体罰が横行していた。ヤンキーたちを力で押さえつけるのが、校長はじめ、学校の生徒指導方針と言っても過言ではなかった。

解雇された彼と私は意見が合わないことが多く、そんなに好意を持っていたわけではない。しかし、こうした学校の方針を棚に上げて、彼にだけ体罰を理由として解雇することには納得できなかった。「体罰が理由なら私も解雇でしょう」と詰め寄ったが、撤回されることはなかった。まさしく別件解雇であった。

その四年前、入学者が前年度の二倍以上となり、劣悪な労働条件の改善と賃金アップを求め教員全員加入で労働組合が結成されていた。上部団体の支援を得ながらX学園側と交渉し、賃金アップを勝ち取り就業規則も作られた。それでも全国平均を大きく下回っていた。

解雇された彼は、組合副分会長の席に就いていた。専任教職員一五人に対し管理職が一〇人という異様な多さの管理職体制なのに、それまで彼は体罰について何の注意も指導も受けていない。いきなりの解雇はない。私はどうしても認めるわけにはいかなかった。

組合は「解雇は不当」と満場一致で決議した。ところが、裏で何があったのかわからないが、申し合わせたように次々と退会し、残ったのは、被解雇者と私を含めた四人の計五人だけ。私はそれまで、ほとんど組合活動に参加せず他人任せにしていたのだが、ここから組合活動について学ばざるを得なくなった。

同時に、私たちは体罰についての議論を重ねた。議論は時に夜を徹して行われた。私は生徒が悪の道へ踏みはずさないように体ごとぶつかって行くのが最も有効な手段、それが愛のムチであり、子どもたちも親も納得してくれているとも感じていたのだ。

ある日、卒業生が私を訪ねてきて言った。

「生徒殴って先生が一人クビになったんやって？　俺も先生によく殴られたけど、逆に今は感謝しているよ。先生に殴られたんやったら仕方ないと思った。俺、悪いことしたし……。今、会社を経営してるけど、最近の若い奴ら、言うだけではきかへんねん。だから、たまにどついたるねん。そしたらシャッキとして仕事してくれる」

その言葉に、頭をハンマーで殴られたような衝撃を受けた。

「彼に暴力を教えたのは紛れもなく私だ。強者が弱者に一方的にふるうのが暴力であり体罰だ。世の中に暴力で解決するものはない。過去にそんな光景を目のあたりにしてきたではないか。大国が武力で小国を威圧し有無を言わせず従わせるのと何ら変わりはない。子どもにとって体罰は最悪のいじめだ」とはっきりと理解した。

私は深く反省した。これまで多くの生徒を「愛のムチ」と称して殴ってきたという事実が私の胸に深く突き刺さった。そしてこの時「今後いっさい体罰はしない。学校からあらゆる暴力を一掃する」ことを誓った。

すでに私以外の四人はこのことを分かっていて、私が最後に体罰一掃の誓いをしたようだった。何度もX学園側と交渉したが、話し合いは決裂し、裁判闘争となった。

出張から呼び戻され、私も解雇！

この時私は、生活指導部長と学年主任を兼任していた。生徒の問題行動への指導、行事の立案、企画、実行の中心的役割を担っていた。さらに二つの部活動の顧問で過密スケジュールに追われていた。夏休みは午前中空手、午後バスケットボール、土、日はどちらかの試合。平日は、担任業務、授業、行事など、夜は解雇撤回闘争の支援を求めて、さまざまな集会や学習会に参加。本当に忙しい日々だった。

そんな中、私を含めた三人は、法廷で過去の体罰への反省を「報告書」として提出した。その結果は最悪で、三人とも追加で解雇されたのだ。

新年度を数日後に控えた三月三〇日は、教頭、事務長（主事）とともに、次年度の制服について業者を呼び打ち合わせをした。次年度の私の役割も確認した。翌三一日、バスケットボール部の試合で他校に出張。出張先から試合結果を報告し「自宅へ直帰する」と連絡した。ところが「すぐ学校に戻ってほしい」と言う。戻ると、校長室に呼びつけられた。そこには、校長以下の管理職五、六人が険しい表情で座っていた。

そして、教頭が私への解雇通告書を読み上げた。淡々と読み上げている彼は、私の実践や考えを理解し支援してくれていると思っていた人だ。一緒に旅行も行った仲で、数日前も次年度の計画を一緒に立てて盛り上がっていたのだから驚く。ますます大人が嫌いになった。

翌日は、年度明けの四月一日。この日から、最初の被解雇者と追加の私たち三人の計四人全員の解雇撤回を求め、裁判で闘うことになった。いろいろな学校や地域の労働組合への支援の要請、街宣活動、駅頭宣伝、さまざまな集会での訴え、卒業生や保護者への支援のお願い、法廷闘争などすべてが初めての経験だった。そこは、これまでの「俺流」が通用しない世界でもあった。四人で歩調を合わせ、地域や学校、各種団体や労働組合の支援を受けて闘った。

私たちの一日は校門前に立ち、子どもたちと出会うことから始まった。登校する生徒たちに「おはよう」と挨拶をしながら、私が作ったビラ「心のとびら」を手渡した。そこには生徒への思いと、私たちが今考えていることなどを書いた。ほとんどの生徒が受け取り、声をかけてくれた。

私は、管理職から「あなただけなら職場に戻す」とささやかれたが、もちろん承諾するはずなく、あくまで四人全員の職場復帰を求めた。時間がかかっても組合を中心とした解雇撤回運動で闘い続けることを、改めて決意した。

しかし、残念ながら、最初の解雇通告を受けた同僚は、「みんなを連れ込んだのは俺の責任」と言いつつも、活動に参加しなくなっていた。三人で頑張るしかない日々だった。

子どもたちは温かかった。署名を集め、法廷に駆けつけ、同窓会や飲み会に誘ってくれた。本当にうれしかった。裁判の傍聴に参加した卒業生たちが、終了後、管理職たちに職場復帰を求めて詰め寄ってくれたこともあった。こんなこともあった。私の留守中、息子の誕生日におもちゃのプレゼントを持って駆けつけてくれたことがある元生徒が、ソフトクリームを食べながら法廷へ入ってきて、裁判官から退場を命じられた。その姿には思わず笑った。

また、卒業式終了後、「先生たちを職場へ戻せ」という全員署名を、前に座る校長らに提出し、理事長を缶詰状態にして迫ってくれた卒業生もいた。聞き入れる様子はまったくなかった。

失明に備え入学の盲学校で

私の視力は、そうした中でもさらに低下し、ルーペなしで読むことができなくなった。初めて家族以外の仲間に目のことを打ち明けた。「いずれ失明し教師でいられなくなる。だが、たとえ視力を失ったとしてもこの闘いをやり抜きたい」と伝えたのだ。

家族のことや今後の生活、目の状況を考えると、教師として歩むことだけを考えてはいられなくなった。仲間の承諾を得て鍼灸あんまマッサージ資格を得るため盲学校に通うことにした。解雇撤回闘争に取り組みながらの通学である。

盲学校では、クラスの仲間とどう向き合うか、教師から生徒に戻り、きちんと先生の話が聞けるかなど不安はいっぱいあった。生徒としての入学式、ホームルーム、授業など久しぶりで少し気恥しかった。

しかしここで自分の生き方に大きな影響を及ぼす貴重な体験をすることとなった。

クラスは七人。年齢はさまざま。私は三七歳になっていたが、年上の人もいて少しは安心できた。全盲の人もいて、私の視力はまだ良い方であった。解剖学や生理学、経穴《けいけつ》概論などの聞きなれない講義、針やあんまの実技、体育や水泳もあった。

生まれつき見えないのに、希望に満ちた笑顔で将来の夢を語る一八歳の女の子。歩きながら自分に跳ね返る風を感じ、壁の位置を察知して廊下の曲がり角を器用に曲がる男の子。全盲なのに五〇メートル走を六秒台で走る人など驚きの連続だった。教室はいつも笑顔と希望に包まれ、口々に将来の夢を語っていた。私は自分の目を恥じ、同情や哀れみを持たれるのがイヤで隠してきたちっぽけな自分が恥ずかしくなった。

以前は自分も生徒であったことを完全に忘れていたことを思い知った。日々の授業はつらかった。一限目から七限目まで、午後は睡魔との戦いに敗れ居眠りすることも度々あった。解雇撤回闘争で理事長に負ける気はしなかったが、睡魔にはすぐ白旗を上げた。狭く硬くて心地よくない椅子に長時間座っているのはつらかった。自由に動くことのできる教師の方が楽だと思った。眠るまいとしても眠いものは眠い。

私は生徒たちに常に「授業中は眠るな」と厳しく指導し、たたき起こしてきた。生徒の立場になると、面白くない、楽しめない口調でだらだら話し続ける先生の授業はどんな時でも眠くなる。授業を受けながら、教壇に戻れたら、叱るのでなく眠くならない楽しい授業を工夫しようと思った。


クラスメイトたちは口を開けば先生への不平を言った。「あの授業はおもしろくない」「教え方がヘタ」「私たちを無視してすすめている」などの話が飛び交った。私は複雑な思いで聞いていた。時折同意を求められたが「うん」と言いづらく、苦笑しながらその場をしのいでいた。

「私も生徒から悪口をいっぱい言われていたのだろうなあ」と思うと、先生を責めることはできなかった。でも彼らの批判はすべて的を射ていたように思う。試験も、作る側から受験する立場となった。「低い点数で恥をかきたくない」思いと、卒業後の国家試験対策のつもりで勉強した。人生で最も勉強したかもしれない。答案を返された時、結果と得点に私もクラスメイトも一喜一憂した。

また、柔道部の助っ人で盲学校柔道大会に出場した。団体戦、個人戦と一日で七試合戦った。団体戦は優勝、個人戦は三位入賞。私は六勝一敗。個人戦準決勝で全盲の子に開始十数秒後、見事な内股で一本負け。なすすべもなく、悔しさより疲労感が強かった。

この盲学校で、クラスメイトから自分の目と向き合う勇気と将来の希望をもらった。自分の目を「ハンディキャップ」でなく「特性」ととらえ、初めて受け入れることができた。

「職場復帰したら、子どもを縛りつける、大人のエゴとこだわりだけで作られた意味のない校則を廃止し、子ども中心の学校づくりに取り組みたい」と強く思った。

不登校や非行、学力不足で悩んできた子も楽しく過ごせる学校を作りたいと思った。心や生活に悩みを抱える子、つい歩むべき道を踏みはずしてしまった子が自分を取り戻し再起できる場となる学校を作りたいと思った。

解雇は「無効」、三年半で職場復帰

この年の一二月に「解雇は無効」の判決が出た。法廷での闘いに勝利したのだ。

そこで私は、盲学校を一年生の年度末で一旦休学し、翌年の四月一日から校門前のビラ配布を再開し「速やかに職場に戻せ」と、署名活動や団体交渉などに一層力を入れた。

闘いは長びくだろうと覚悟していた六月中旬、突然、X学園側から和解案が示された。「解雇は白紙撤回し四人を職場へ戻す。この間の賃金は全額支給しそれぞれに解決金を支払う。ただし、最初の被解雇者は復帰後すぐに依願退職する」

こうして三人は九月一日から職場復帰した。闘いは三年半で終結した。

復帰後の初出勤。応接室に通されて理事長・校長と面談。校長は一年前に赴任した人だった。理事長の第一声は「本当はあなたたちを戻したくなかった」だった。その場が一瞬にして凍りついた。校長はあわててその場を取りつくろったが、その一言を忘れることはできない。

私は、職場復帰したからには、次の三つの目標を実現したいと思っていた。

1　あらゆる体罰の一掃
2　子どもたちを中心に据えた教育・学校づくり
3　民主的な職場づくり

しかし、教職員は校長から職員室で笑うことも冗談を言うことも禁じられていた。校長の高圧的な態度や監視が厳しく、常に校長の影におびえて働いている様子だった。自由な会話も笑いもない職場、それを変えることから取り組もうと思った。意識して冗談を言い大声で笑った。女性の事務員さんから「校長に叱られるよ」と忠告されたが、自粛するつもりはなかった。私の冗談に、職場復帰した教員以外は苦笑いを浮かべ、無反応を決め込んでいる様子だった。職員室と校長室の間は薄い壁一枚。少し騒がしくなるとすぐに校長がやって来たが話し続けた。こんなことを幾度となく繰り返し、「いつか校長とぶつかるだろう」と思っていた。

一週間ほど過ぎた頃、校長室へ呼びつけられた。

「君は職員室をどう考えているのか。サロン化するな」

私は「以前の職員室はもっと楽しかった。こんな空気の職員室では楽しく働けない。これは校長の方針ですか」と尋ねた。

道理の通らない理屈を並べ責める校長。当然私も反論。校長は声を荒らげ迫るが私は屈しない。校長はヒートアップし、最後は「私は校長や。校長の命令は絶対や」と権力論で迫った。私は「たとえ校長命令でも、理不尽な命令を聞くことはできません」とあくまで考えを曲げない。二時間ほど激論したが平行線のままで校長はあきらめ、私は校長室から出された。その後、教頭が呼び出され叱られていたようだった。

この日から校長室が校長と私の戦場となり、毎日のように口論となった。私は納得がいかないことがあれば自ら校長室へ出向いた。その間の二時間ほどは、職員室は平和であった。私は時々職員室へ生徒を招き入れ、冗談を言い合い大声で笑った。生徒は入室禁止とされていた職員室に何人もの生徒が来るようになり、私との会話の輪ができた。私はその輪に他の先生たちを誘った。「校長に叱られる」と参加しない先生もいたが。

その後も校長との衝突は続いたが、一ヶ月もすると校長は職員室のことに何も言わなくなった。

第七章　ついに生まれた「真の学校」

目指すは校則も処分もない学校

私が気になったのは、生徒の激減だった。以前、七〇〇人ほどいた生徒が減り続け一〇〇人を切っていた。せっかく復帰したのに、このままでは経営難で消滅してしまうと思った。私は校長に申し出て、生徒募集の担当として中学校を訪問することにした。

一方、生徒たちとはすぐに良い関係が築けていた。私の周りには以前のようにヤンキーたちが多く集まるようになった。彼らの口から出る言葉は校長や教員への不満ばかり。「校長は横暴でわからずやでワンマン」「先生たちは無気力」「俺らのことは放ったらかし」「校則がきつくて鑑別所や少年院みたい」「いじめがいっぱい起こっている」「いっぱい退学者がいる」など訴えるように言う。すべて的を射ていると感じた。本気で学校改革に取り組まなければ、被害者は生徒たちになると懸念した。

そこで、みんなで楽しめる授業を工夫し、休憩時間は生徒と遊び、行事や課外活動でその輪の中に積極的に入って行った。すると、いつもつまらなさそうだった子どもたちが笑顔を見せるようにもなってきた。校長から「子どもたちはなぜ、あなたと接するときはあんなに楽しそうなのか」などと尋ねられることもあった。

「生徒は厳しいルールを守らせ、しつけるもの」と言う校長と「子どもたちとはゆったり楽しく過ごしたい」という私。大きな隔たりがあったが、校長も徐々に私を認めてきたようで、頼られることもあった。「口論」が「議論」へと変わり、生徒募集の中学校訪問には、校長と一緒に行くようになった。校長にとって私は、教職員の中で最も近い存在となっていったようだ。「あんたを敵にすると本当に手ごわいが、味方にするとこんなに心強いものはない」とよく言っていた。

一九九七年度から、以前と同様にクラス担任をしながら生徒募集、生徒指導、各行事などすべてに中心的な役割を担った。学校も活気を取り戻しつつあった。残る課題は入学者を増やし、経営を安定させることだけ。私は、思い切った「学校改革案」を校長に出した。その案をもとに、理事長、校長、私の三者で会議を数回開く中で、「一つの校舎を預けるから、新しい学校を作ってください」という話まで飛び出した。

「ついに夢に描いた学校をつくることができる」。私は具体化した「新校設立計画」を作り始めた。

大逆転！　「廃校」攻撃から「丸ごと運営」へ

そんな中の七月下旬、X学園から一通の内容証明郵便が届いた。そこには「次年度の専門学校募集停止、三年後廃校、教職員全員解雇」と書かれていた。校長以下全教職員に送付されていた。

校長とともに「学校改革」に取り組んでいた矢先の「寝耳に水」だった。校長は「俺までもクビにするのか」と怒り、即刻退職してしまった。私は「前回は、邪魔者は解雇。今回は邪魔な学校は排除。しかも学校改革に前向きであるように装いながら……」と、またまた裏切られた気分になった。

私はすぐに教職員全員に集まってもらい討議した。すると、「あの理事長は一度言い出したら、聞く耳を持たない」「まあ、あと三年働いて次のことを考える」などあきらめムードが漂っていた。やむを得ず「私は廃校を阻止するため闘うから、邪魔だけはしないでほしい」と発言し、当時の組合員三人とともに闘うことにした。復帰して二年たたぬうちに再び理事長と闘うこととなった。

私たちは地域の人々や組合本部の支援を得て、学園側と交渉に臨んだ。学園側から二人の弁護士と理事長が出席し交渉が始まった。なんと、意外にも二度目の交渉であっさり廃校は撤回された。

理由は、収支計算するとこの専門学校単独で四億円以上もの黒字と分かり、弁護士が「今すぐに廃校できない」と判断したとのことだった。その四億円余りを理事長が他の幼稚園の運営や新しい専門学校設立などに使い、X学園の現金資産は四千万円程度となっていた。

理事長にはこの学校への経営意欲がまるで感じられなかった。そして、交渉を重ねる中で、この学校だけをX学園の会計から切り離し、経営のすべてを私たちに委ねるという、丸投げの形で決着したのだ。

当時、少子化の影響で入学者が減り、学校は経営難となっていたが、私の心は思い切った学校改革ができる喜びに満ちた。

職場復帰した時に、三つの目標を立てていたことはすでに書いた。

1　あらゆる体罰の一掃
2　子どもたちを中心に据えた教育・学校づくり
3　民主的な職場づくり

一つ目はすでに実現していたが、二つ目、三つ目をやっと取り組めることに心が踊った。特に「子どもたちを中心に見据えた教育・学校づくり」で制服、校則について教職員、生徒の両方に意見を聴いた。

教職員から「教科指導のために教室へ入ったのに、髪や服装など注意しなければならないのはつらい。生徒との関係が悪くなり、本来話したいことが話せなくなる」、「不必要な点はなくせばいいが、全廃すると無法地帯となり抑えられなくなる」などの意見が出た。生徒は「校則は先生や学校を守るだけで俺たちを守ってくれない」。制服は「高すぎる」「ダサい」「なくていい」などの意見が多かった。

私はこれらの声を参考にさまざま想定して考えた。

教員は「制服、校則のない学校」と出会ったことがなく「なくす」という考えにはなかなか至らない。だが生徒にとっては憲法が保障する権利や生徒の個性や思いに寄り添わず、学ぶ権利を剥奪するものでしかない。私は「学校は警察署でも裁判所でもない。生徒にとって無意味な校則は最悪のいじめでしかない」と確信していた。

新年度を迎える前の職員会議で私は、「制服、校則の廃止」を提案した。「学校はどんなところであれば良いのか」「学校に必要なもの、不必要なもの」「生徒たちとどんな時間を過ごしたいのか」も教員たちに尋ねた。だが意見は出ない。こんな大事な提案に、一緒に戦ってきた仲間以外は、「何も言わない」「何も考えようとしない」。そんな他の教職員と一緒にやって行ける気がしなかった。私は、一人ひとりの賛否を問うことなく提案通りにやると決めた。誰からも、反対の声もなかった。

そして学校存続をかけ、生徒たちを巻き込み、学校づくりに取り組んだ。校名を変え、授業内容やカリキュラムを生き生き参加できる内容にし、生徒たちと一緒に学校説明会や中学校訪問を行った。

誕生！　校則も処分もない学校

思い描いてきた管理・競争・強制のない、制服・校則・処分のない学校が誕生したのだ。先生と生徒の垣根もなくなり、子どもたちは自由に表現し、自分の思いや悩みをストレートに私たちにぶつけるようになってきた。その内容は家庭、恋愛、喫煙、友人関係など、実にさまざまだった。

生徒から教師の熱意や力量を日々試されているようにも感じた。子どもたちは、それをよく見ている。改革への気力が感じられない教員と向き合うのは、疲れる。私は一人で生徒全員の担任になったくらいの気持ちで向き合った。
改革に取り組みつつ生徒募集に臨んだが、劇的に生徒が増え経営が改善されるということにはならなかった。そこで国の雇用対策の一貫として職業訓練事業に取り組んだ。社会人対象のパソコン教室だ。多くの応募があり、事業収入が本業の学校収入を上回った。賃金の保障ができ運営も黒字となった。だが職業訓練事業は一時的なもの。本来の生徒増に取り組む必要に迫られた。

高校新設を目指し計画書を作り所轄庁と交渉を重ねついに認められた。新設の学校は、通信制・単位制過程の高校となる。私たちは開校準備を終え、私は担任していた専修学校三年生を卒業させ、翌日、目の手術を受けることになった。

両目手術——子らの見舞いが励み

三週間の入院をした。網膜色素変性症に緑内障と白内障を併発していて手術するしかなかった。卒業生たちと入院当日の明け方までカラオケを楽しみ病院へ向かった。手術は入院一週間後に右目、二週間後に左目が行われる。卒業式の打ち上げの日、生徒に「明日から入院し目の手術をする」と伝えた。入院中は暇を持て余したが、毎日のように卒業生や在校生が見舞いに来てくれ、結構楽しく過ごすことができた。手術前日には病院を抜け出し「世の中の見納め」と卒業生、在校生数人と動物園へ行った。生徒の「明日手術やのに大丈夫？」の声もあったが一緒に楽しんだ。

迎えた手術。まず麻酔の目薬を大量にさされ、まつ毛をカット。看護師さんが、まぶた本体を少しカットしたようで「痛い」と声を上げたが「あっ！」とだけ言って去った。医師が来て目の周りをアルコール消毒した。傷口がしみて「痛いです」と言うとじっくり私の目を見ながら「あっ！」と言って去った。「絶対、俺のまぶたを切りよった」と確信した。再び医師が来て「注射するので、大きく口を開いてください」と言った。口を開くと「ぐさり」とほぼ骨の下にさされた。こんなに痛い注射は初めてだった。数分後再び多量の目薬を入れられ手術が始まった。何とも表現のしようがない異様な感覚が右目あたりに広がった。

途中息苦しくなり中断してもらった。私はひどい花粉症で手術前日、動物園で花粉をたくさん吸い込み鼻がつまったのだった。前日の行動を後悔した。酸素吸入して手術は再開されたがやはり苦しかった。医師の「無事手術は終了しましたよ。お疲れ様」の声にホッとしたのか強い睡魔に襲われ眠ってしまった。

看護師さんの声で目覚めた。別室で一人横たわっていた。看護師さんは「今日は一日この部屋で過ごしてもらいます。面会謝絶ですのでお願いします」と言って部屋を出て行った。再び意識を失った。


目を覚ますと二人の男性が立っているのが見えたように感じた。「誰かいるの？」と尋ねると「ダイキとコウサク」と答えた。私が担任しこの春卒業した生徒とその弟だった。「えっ、そうなんか。俺手術終わったばかりで眠いから寝るな」と言ったが、その先の記憶がない。

経過もよく自分の病室に戻ったが、これが現実なのか夢なのかわからなかった。数日後、ダイキとコウサクが見舞いに来た。

「お前ら手術後すぐに俺のそばに立っていた？」

「うん」

「よく入れたなあ」

「『面会』って札が下がっていたから入ったよ」

何のことはない、「面会謝絶」の「謝絶」を読めず「面会」の文字だけで入室したようだ。

しかも看護師さんが私の息子と勘違いし部屋を教えたようだった。三人で大笑いしたが、彼らはこのことで「謝絶」が読めるようになった。

毎日のように子どもたちが見舞いに来てくれたが、外出はしないようにした。差し入れてくれるおやつやパン、ハンバーガーなどで三キロ体重が増えた。

左目の手術も無事終了。退屈だが楽しい入院生活を終えた。この三週間、子どもたちに本当に世話になった。手術して回復するものではないが、目の寿命は少し伸びたようだった。しかしいずれ失明する可能性は高かった。

一人ひとりの生徒をみんなで支える

退院後すぐ職場に復帰し、新校への生徒受入れ準備に明け暮れた。医師に、退院後一週間は自宅療養と告げられていたが、休んではいられなかった。生徒便覧、カリキュラム、教員採用計画、行事予定などすべて私が作成した。通信制・単位制の高校であるため、制度やルールが複雑だ。その時点で。私が間違えると訂正する者がいない。常に「絶対間違えられない」という緊張感でいっぱいだった。見切り発進に近い開校で、不安だらけのスタートだった。

高校は全日制、定時制、通信制の三課程がある。「日中に毎日登校する全日制」、「夜間に毎日登校する定時制」、「科目ごとに決められた授業時間数出席すればよい通信制」。通信制は例えば国語（四単位）の最低出席授業時間数が四回（一コマ五〇分間）。最低授業時間数は各教科・科目ごとに定められている。登校日数は少ないが、科目ごとに報告課題（レポート）を提出する。

全日制と定時制の多くは学年制で、学年ごとに進級基準が定められ、例えば三科目五単位以上落すと留年となる。単位制は無学年制で、在籍三年以上で卒業までに七四単位以上修得すればよい。年度ごとの修得は本人に任されることが多く、基本的に留年がない。

開校したのは、この通信制・単位制の高校である。四〇〇人規模を目指していたが、六年で六〇〇人ほどまで増えた。半数は中学卒業後の新入生で、半数は他の高校からの転入生や編入生だ。

半数以上が不登校の経験者で、中学三年間ほとんど登校していない生徒も少なくない。集団生活や勉強に不適応、いじめを受けたり、先生やほかの生徒が怖いという子も多かった。自分の部屋にこもりっきりで家族以外の誰とも接触しない子も少なくない。その真逆に、学校内外で暴力、いじめ、破壊、窃盗、傷害、暴走で逮捕経験のある子も少なくない。喫煙はもとより、薬物に手を出している子もいる。

つまり世間で言う「ウサギと狼が同居」しているような学校である。「そうした子どもたちがいて、校則も処分も、管理も強制もなくてよく学校として成立しているね」と言われることもたびたびある。しかし、教師が生徒とともに悩み考え、強制も競争もなくし、どの生徒にもていねいに寄り添えば秩序は保たれる。学校は生徒も教職員も自由に表現できる場、ストレスをため込まず発散できる場でなければならない。個人の勝手な自由ではなく、周りも自分も大切にして楽しく学ぶ自由のある学校。これがこの学校の理念だ。

「暴力・不信」が「優しさ・いたわり」に

私たちはすべての生徒の名前と顔を覚え、一人ひとりの思いや性格を全員で共有する。全員が一人ひとりの担任のつもりで関わり、決して他人任せにしない。時には生徒の言葉や行動に傷つけられることもあるが、じっくりその子と向き合うことで必ず変わる。

開校後数年は暴力、けんか、教師への暴言などが多く見られた。しかしすでに記したような姿勢で向き合う中で、暴力や不信は「優しさ」と「いたわり」に変わって行った。ここ数年、暴言や暴行をほとんど見ることなく、生徒は早期に馴染んでいく。

だから「校則や処分規定を作ろう」という声は上がったことがない。ともに悩み考える姿勢で徹底的に議論し、学び考えあったからだ。開校当初はそんな教職員集団ではなかった。人の入れ替わりもあるが、教職員の意識改革で成長できたのだ。

それでも、学校を離れると犯罪に巻き込まれたり、罪を犯す生徒が後を絶たない。鑑別所や少年院で過ごす生徒も毎年複数いる。こんな場合、他校では退学や停学になる。対照的に、私たちは処分どころか出所、出院を待つ。待つだけでなく、定期的に面会に行く。審判（裁判官が処分を決定する場）に同席し、嘆願書を出し発言する。これまで見放されていた子らも、しっかり支え寄り添えば更生し再犯しない。切り捨てるのでなく、こんな時こそ温かい手を差し伸べるのが、大人、教師の役目だと考えている。

ただ、頭を抱えているのが薬物だ。暴走や窃盗、傷害などは一過性で、支える大人がいれば必ずおさまるが、薬物はそうはいかない。一度脳が覚えてしまうと誘惑になかなか勝てない。再び犯す生徒のほとんどが、この薬物によるものだ。卒業し、成人となっても再び薬物に手を出す者も少なくない。私の学校の地域で薬物使用者は減ってはいるが、過去には校内外で吸引して授業を受けようとした子もいた。

大麻や覚せい剤、ハーブなどの違法薬物もあれば、医者が処方した精神薬もある。覚せい剤まで手を出す生徒は少なく、精神薬を手に入れるケースが多い。通常一回二錠ほどのものを数種類混合し一度に二〇〜三〇錠のんで精神錯乱状態になる。彼らはこの感覚を楽しむと言う。

過去には、毎年、複数の生徒が多量にのんで登校していた。精神錯乱状態で食ってかかり、時に校内を暴れまわった。いつも私に連絡が入り対応した。別室に隔離し二人きりで過ごす。暴力はないが、暴言や脅迫、言葉にならない叫びなどで私に迫る。時には抱きかかえ、時には押さえ付けながら、興奮から覚めるのを待つ。少し落ち着くとソファーに座り何か訴える。

私はほぼ無言で、その目をしっかりと見つめてさらに落ち着くのを待つ。時間を経ると収まってくる。そこでなだめて帰宅させる。後日、二人で振り返り、事実に記憶がなくても考えさせ心に刻んでもらう。これができると二度と薬物を服用しての登校はしなくなる。だが校外では叱ってくれる人がいないのだ。

私は当人の友人や先輩などから情報を得ながら本人と頻繁に連絡を取り合うようにする。電話に出たとき少しでも口調が変だと感じたら、後で呼び出す。彼らは気に掛けてくれる人がいると生活も意識も変わってくる。思うほどうまく行かないことも多いが、改善を信じ願いながら関わりを持ち続けてきた。

思い返すと高校開校当初は、経営だけでなく生徒指導でも独走してきたように思う。相談できる人がいなくて判断の正否が誰もわからず、自分で決めて実行するしかなかった。一人旅はいつまで続くのか、目指す教育の一端を担える人が育つのか不安だった。いつか教育も経営も、みんなで一緒にやれる日が来ると信じて歩み続けようと決意を固めている自分がいた。

高校開校後六、七年ごろから学校運営も経営も安定してきた。校内外の行事、入学式、卒業式、授業、レポートなどすべてを教職員全員で話しあい取り組むようになってきた。いろんな教職員が生徒の目線で考えるようになり、まとまりが感じられるようになってきた。入学生の状況は大きく変わったわけではないが、いろんな先生から声をかけてもらえると生徒たちもずいぶん変わる。

二〇〇八年度ごろから「教職員と子どもたちみんなで取り組む学校づくり」を教職員一人ひとりが意識して考えられるようになってきた。教職員間、生徒間、生徒と教職員の関係がますます良くなり、課題はまだまだたくさんあるが、校内外のあちこちで笑顔が見られるようになった。

再び学園側が暴挙に出たが

そんな努力の中、二〇〇八年二月、X学園理事長が再び暴挙に出た。一人の理事から「理事長が変な人を連れて来て、理事会に白紙委任状のサインと押印を求められた」と連絡が入った。解雇問題以降も理事は全員理事長の友人で、運営を理事長に全面委任していた状態だったが、今回は理事長に同行していた人物の「あやしさ」に、その理事は不信感を覚えたようであった。私と教頭で、他の理事に聞いてみると、教頭以外の全理事の自宅へ出向き、白紙委任状を手渡していた。すでに押印して提出した理事もいた。

理事長以外の理事とX学園の顧問弁護士に連絡を取って会議を持った。私はその「あやしい人物」の名刺を見て驚いた。「経済ヤクザだ！」。企業のコンサルタントと記されたその名前に聞き覚えがあった。私は「このコンサルタントを調べる。白紙委任状を出した人は取り戻す、未提出の人は保留を」と頼んだ。そして「学校法人の経営で白紙委任は職責放棄であり、その結果は理事の役職を失うことになる」とていねいに説明した。

記憶は正しかった。名刺の会社は存在せず、住所も電話番号もでたらめ。会社を乗っ取って資産だけ吸い取り、捨てる行為を巧妙に行っていた人物だった。理事長は、この高校を思い通りにしたかったのだろう。高校が経営的に潤っていないときは関与せず、潤って来たらまた自分のものにしようと考えたのだと思った。

私は、事情を理解しようとせず、できれば関わりたくないと思っている様子の理事たちに「あなたたちの考え一つでこの学園の生徒、学生はいなくなり、多くの教職員が路頭に迷う。もし、そうなったら私は絶対に許しません」と迫った。顧問弁護士の支援と指導もあり、理事たちは協力してくれることになった。

X学園は理事長を含め理事が六人いた。四分の三以上の賛同で理事長を解任できる。急遽開かれた理事会では、欠席の理事長以外の出席者五名全員一致で解任を決議した。新理事長に教頭が就任した。前理事長は「決議無効確認訴訟」を起こした。法廷闘争が始まった。この事態にコンサルタントはすぐ姿を消し、二度と現れなかった。

裁判所の提案で再度理事会が開かれたが、結果は変わらなかった。それは、学園設立以来五〇年以上続いた一族支配の崩壊だった。私たちは真の独立と一族支配からの脱却を勝ち取った。

教頭が、理事長兼校長となり、私は教頭となった。実質的には校長が幼稚園と専門学校を、私が高校を運営することになった。

私は改革を目指し、就業規則の改訂で賃金を上げ、労働条件の向上と権利保障に取り組んだ。教職員が働く環境に満足しない限り、安心して子どもたちのために働くことはできない。計画的に教職員を採用した。ようやく、誰からも関与されず、高校で働く教職員全員で、働き方から教育の方向まで考え実行できる権利を得ることができたのだ。

高校独立——賛同者の出現

二〇〇八年四月から新体制となり、全体的に風通しが良くなった。私たちの学校もX学園全体の経営も順調に進み始めた。理事の入れ替えで理事会も本当の役割を担えるようになり、X学園全体が正常に機能し始めた。

二年後の二〇一〇年度、理事会体制が新しくなった。新理事長は初代理事長の親族。また創設者一族の支配が始まるのではないかの不安が脳裏をよぎった。しかし、新理事長は理解を示して、私に高校運営をほぼ任せていた。だが、月日が経つにつれ、学校づくりや教育方針、子ども観などの違いがあらわになり、ぶつかることが多くなった。

築き上げてきたものが、そしてこれから進めようとすることが壊される予感さえ感じた。私は高校の教職員や生徒にX学園側からの波風が当たらぬよう心をくだいた。

理事長に「また以前の経営者のような闘いを私とするのですか？　受けて立ちますよ」と言ったこともあった。経営者が放棄した学校を立て直し、ここまで成長させたのは私たち教職員だった。危機のときには投げ出し、経営が安定し「さあ、これから」というときに権威を振りかざして横やりを入れる行為を、私は許せなかった。話し合いは平行線をたどった。

二〇一二年度に入り突然、理事長が「X学園から高校だけ独立させたい。あなたが高校を買い取ってほしい」と提案してきたのだ。

私はそれまで独立するなどということは考えたこともなかった。だが、六、七年後の私の定年（六〇歳）を考えると、「このままでは過去の闘いが再発するだろう。少子化で近隣にライバル校が乱立する中、この高校は生き残れるのか」などの不安を振り払えなかった。私の退職後も、教職員みんなで考え合って学校づくりができるために、独立した方が良いのでは……と判断した。

そのためには大きな壁を二つ乗り越える必要があった。第一に学校を買い取るための資金とある程度の学校運営資金の確保、そして第二に新法人設立のための所轄庁による認可だ。どちらも私の力だけでは無理だったが、この二つを乗り越える力を持つ有力な人がいた。この学校に長年関与してきた人で、私の教育への考え方、経営方針に賛同してくれていた。

その人が、経営実績やこれまでの経緯、高校の地域の評判などをよく吟味したうえで、出資を決断してくれた。さらに、教育から経営までのすべてを私に委ねるとのことだった。私の退職後もそれを引き継ぐ約束をしてくれた。

私は理事長との交渉に臨んだ。難航したものの二〇一四年一二月、私の提示価格で合意。公的機関の認可も受け、二〇一六年四月一日から新法人のもと、開校できる見込みとなった。ここに至るまでの交渉内容については、まだ公表できる段階ではなかったため、教職員には明かさず進めていた。そのため、私の動きについて誤解されたり、理解してもらえないこともあった。

交渉がまとまり、X学園から独立する日が決まった。ついにみんなに話す時が来た。まず学校づくりの中心的役割を担うベテラン教職員を集め、これまでの経緯などをていねいに説明し、「独立」の道をみんなで選んだ。さらに、契約が正式に交わされたのちに、教職員全員からの了承を得ることができた。

「校長」になってしまった私

いよいよ本当の「私たちによる学校づくり」が始まった。

これまでの実践を生かし、さらなる学校づくりを進める三つの目標を掲げた。

1　子どもたちの成長と発達を保障する

2　教職員の健康と生活を守る

3　教職員の学ぶ権利を保障する

三つの具体化のため、就業規則の改正、研修予算の拡大などを実施した。教育についてはこれまでの取り組みをより充実させることで一致した。

私は校長となり、学校運営のあらゆる責任を担うことになった。これまでも実質的にはそうだったので、それ自体は苦にならない。だが担任をはずれたことが最もイヤだった。子どもたちが好きで、その中へ飛び込み、担任にこだわってきた私だ。校長という立場を意識し、言葉や立ち振る舞いに気を遣う。だが、「俺は俺でしかいられない」ので、それを薄めるのには苦労する。生徒が悩んだり迷っていても、他の先生を差し置いて直接かかわれないもどかしさが残る。「俺ならどうするかな……」など思いながらも、他の先生から助けを求められるまでは我慢する。

ときには生徒が直接相談に来ることもあるのだが、「まず担任に相談してみたら」など言っている自分がもどかしい。

楽しみは授業と行事だ。これだけは参加している。校長の立場を少し横において、子どもたちと近距離で楽しめるのがうれしい。校外行事では、目が不自由なので常に生徒たちが手を引いて、食事や行動のすべてを介助してくれる。この子どもたちと過ごせることはこの上ない幸せだ。

人と強調するのが苦手な私だが

私は、今の立ち位置と歩み方に満足はしていないのだ。「俺流」が貫けない。「協力、協調、我慢、みんなで」など、私には最も苦手な言葉だ。私は、校長には「権利」はなく、「教職員の権利を守る責任」があると考えている。だから自分より人の幸せのために働くのは当然で、それは全く苦にはならない。だが、私がいなくてもこの学校は運営できていくし、私しかできないことも少なくなった。

私は人に頼られると「イヤ」とは言えない。しかし頼ろうとは思わない。考えたことはすぐ行動に移したいので、後先を考えずに行動することもある。それに意見を言う人もいるが、素直に「アドバイス」とは捉えられず「非難」や「苦情」と思うこともある。「俺のやることや。ほっといて」「じゃあお前はこれまでどうしてきたんや。何かやろうとしているか」と言いたくなることもある。「他人に合わせる」のは特に苦手で「人と違うことがしたい。同じことでも違う表現でやりたい」と思うことが多い。

だが、これでは社会の一員として、職場の仲間として、うまくやっていけないこともわかっている。思いを心に押し込めて行動することも増えてきた。「調和」ということを意識して行動することも増えた。

いくつかの闘争を経て、私たちは「自由」を得た。管理職の目を気にせず、大好きな子どもたちのための学校づくりに取り組める。ところが当時の他の教職員からは「新たな気持ちで学校づくりをしよう」という思いが感じられなかったため、私はそんな教職員に何かを求めようとしなくなっていった。野球チームには最低九人が必要だ。当時の状況を野球に例えると、「私がピッチャー、他は立っているだけの野手。私の球を受けるキャッチャーだけを育て、全員を三振に取る覚悟で試合に臨む。野手がエラーしても、そこに打たせた私が悪いとして責めない。私のホームランで点が入る。そうでないとこのチームは勝てない」と感じたのだ。

この考え方は、二〇〇二年四月の高校開校後もしばらく続いていた。

二〇〇六年の六月に入り、これまでと目の見え方が変わった。歩いていても距離感がつかめない。物が近づいても遠近感が全くつかめず、自転車にも乗れなくなってきた。いつも霧の中を歩いている感じで、これまでにない目の感覚だった。ある日左目をつむり右目だけで見た。見えない。強い光を当てても何も感じない。右目の失明を実感した瞬間であった。気付かなかったのは左目で見た残像が右目にも残っていたからだと思う。何日も前から左目だけで生活していたことを知った。

その日を境に、生徒たちと一緒に楽しんだキックベースボールができなくなった。スキー、スノーボード研修でも滑ることができなくなった。一人で歩くことも難しくなった。色彩感覚もほとんどなくなっていた。残された左目の視力がなくなった時が退職の日と決めて、教師を続けて行こうと腹を固めた。

「私がつくる学校」から「みんなでつくる学校」へ

ある日私は、側にいる一人の男の存在に気付いた。右目が失明する二年ほど前に来た教師である。この男のような教師には、これまで出会ったことがなかった。前籍校で一一年も勤め、職場も生活も安定しているにもかかわらず、給料が半分ほどになるのも覚悟で「この学校の一員になりたい」とやって来た。

彼はどんなことにもイヤがらず取り組んだ。体育の教師でもないのにスポーツは万能、ボウリングもアベレージ２００ピンを超える腕前。ギターやピアノも演奏し、教育への情熱も誰よりも熱い。私はスポーツもある程度自信があったが、彼に勝てる気がしなかった。彼はこの学校に来て初めてやったスノーボードやスケートも今や誰よりもうまい。運動も音楽も勉強も習字も情熱も……どれをとってもスゴイと感じる。「こんな奴、よくここに来たなあ。俺も負けてられへん」。これまでにない思いがわき上がってきた。

これまで私は「一人で全員を引っぱっていくしかない」と考えてやってきたが、彼は「学校づくりはみんなでしたい」と強く思っていた。彼と私はときどき歯車がかみ合わず衝突することもあるが、生徒や教職員への思い、教育にかける彼の情熱は本物だと確信するのにそう時間はかからなかった。

私には誰にも曲げられない思いはあるが、「学校づくりはみんなで行う」という彼の意見には反対ではない。「できることならそうする方が良い」と思う。私が得意でないことが、彼にはできる。

彼の出現で「私がつくる学校」から「みんなでつくる学校」となったことを感じた。彼の情熱だけでなく「優しさとつながりを大切にしたい」という思いに心を動かされたのである。「学校の在り方や子どもたちへの思い」にそう違いは感じないが、物事を進めていく過程についてはずいぶんな違いを感じる。二人で長時間話し込むことも多い。その度、彼の言葉は私の心に響き、納得する。

だからこそ、私はこれまで培った自分の知識、知恵、経験を、彼をはじめとした次世代に伝え、退職を迎えたいと考えるようになった。

第八章　家族崩壊の危機も乗り越え

自宅が知らぬ間に抵当に

ここで、私の家庭のことを少し書いておきたいと思う。

私が子どもたちに伴走しながら学校改革、学校づくりに奮闘する中、家族が崩壊の危機を迎えようとしていることを知った。

私の家族は、両親、妻、息子三人と私の七人。先祖が残してくれた二〇〇坪ほどの敷地に木造の平屋（5ＤＫ）と鉄筋二階建て（二部屋）を増築した住居と、物置にしていた離れ（二部屋）で暮らしていた。築四〇年以上が経ち、あちこち修理が必要だった。改装には一千万円以上必要で、土地を担保に資金を借り入れるため銀行に相談に行った。ところが、断られてしまった。土地の広さと地価から考え十分可能だと思っていたが、登記簿を見てわかった。すでにさまざまな金融機関から、限度額の上限まで融資を受けていたのだ。総額で一億円以上。この家の後継者とされている私に何の相談もなく多額の借金をしているとは夢にも思わなかった。すぐ両親に尋ね、思いもしない事実が分かった。

父は十数年前から家業を廃業して不動産業を営んでいた。私の弟も父と同時期に会社を設立し、不動産業を営んでいた。両者は協力し合い、バブル期には相当な利益を得ていたらしい。バブルがはじけ、両者とも多額の負債を抱え、自宅の土地建物を担保に借金を重ねて行った。父と弟の負債総額は一億六千万円を超えていた。弟の会社は倒産し、父の事業も破たんしていた。借金はこの他にもあった。督促を無視し続けたため、利息や遅延損害金がかさみ、さらに膨大な額となっていった。

二人は家族には何も知らせず、平然と過ごしていた。私たちは、借金によりいつかは他人に奪われることになる家に、何も知らないまま住んでいたのだ。

その借金は、私たち夫婦が一生働き続けたとしても返せる額ではなく、私は、実家を失うことを覚悟した。こんな状況でも誰にも詫びず他人事のようにふるまう父と弟には愛想がつきた。私と妻は、この家を捨て少しの貯えと銀行ローンを頼りに家を購入する計画を立てた。

底なし、父と弟の借金

だが、父と弟の借金はこれだけに収まっていなかった。ある日、義兄（姉の夫）から、弟が義兄の家を抵当に借金していることを明かされた。登記簿を取り寄せると、義兄の住宅ローン以外に三社からの借入金が記載されていて、その三社から返済督促通知が数回あり、義兄は通知が届くたびに弟に手渡していたとのことだった。そのたびに弟は「大丈夫。すぐになんとかする」と言っていたが、裁判所から突然、土地建物の差し押さえ通知が届いた。そこで私に相談に来たのだった。その借入総額は2千万円を超えていた。「義兄までも巻き込んだのか」と私は怒った。弟は「なんとかする」と言うだけで、私や義兄から逃げる一方。

まだ他にも出てきた。私の隣に住む叔父から「お前の弟を信じて土地を担保に金を借りてあげたが、自宅まで差し押さえられた。どうにかしてほしい」と言われた。高利貸しから借りたもので、利息を含め二千万円をはるかに超えていた。さらに弟には、他にも六千万円以上もの借金があることが分かり、父のと合わせると三億円近い巨額な借金になっていた。

張本人の弟は、離婚し家も差し押さえられ退去させられていたので、捨てるもの、奪われるものは何もなく、完全に開き直っていた。

私は実家を手放す覚悟を決め転居の準備をすすめていた。だが、弟に騙された義兄と叔父の家は守らねばと思い、四千五〇〇万円の借金の保証人とならざるを得なかったのだ。月六〇万円程度の返済をしなくてはならず、私には到底無理な額だ。実は弟はある組の構成員で、しかも幹部だったので、ある程度の収入はあり（正当に得たお金かは不明だが）

「これぐらいだったら大丈夫」と言う。弟を信じるしかなかった。とにかく義兄と叔父の自宅は守れたと思った。

だが弟が返済できたのはほんの数ヶ月で、残りは私と妻の預金を取り崩して返済にあてていた。その四千五〇〇万円の借金先は高利貸しだった。取り立ては大変きびしく、なおかつしつこかった。ある日、弟が「俺は四千五〇〇万円も借りていない。現金は二千万円程度しか受けとっていない」と言い出した。詳しく調べてみると、この高利貸しに同じような手口でだまされた人が他にもいることが分かった。私はこの人たちと共に被害者の会を結成し、裁判を起こした。この高利貸しは無資格で貸金業を営んでいたので貸金業法違反で告訴もした。この時から私たちと高利貸しとの裁判闘争が始まった。

この裁判の中心は弟だったが、その弟はあまりにもずさんな金の管理をしていた。支払った領収書や実際に受け取った金額などを証明するものがほとんどなく、相手の不正を暴くことができなかった。私は弟のいい加減さに、愛想が尽きた。裁判所へ提出した証拠は不十分なうえ、弟本人は出廷もしない。勝てるはずもなく敗訴した。

貸主が貸金業法違反の疑いがあり、また元組員であることも考慮し、裁判所は双方に対し和解を提案した。私たちは相手の主張をほぼ受け入れる形で和解した。詳しくは省略するが、叔父の田畑、自宅を処分し、義兄も家を手放し、それでも足りず、残りは私と義兄が借金して返済することとなった。

裁判中に義兄は破産し、私はこの高利貸しから給料を差し押さえられた状態で、裁判を続けていた。私はすべての財産を失い、自宅購入用の新たな借金と住宅ローンを抱えながらの再出発となった。叔父夫婦の住まいだけは何とかしなければとさらに住宅ローンを組みマンションに叔父夫婦を住まわせた。義兄家族は自宅を失い、賃貸で住居を確保して新生活を始めた。


この弟は、私の解雇闘争の最中に尋ねて来て「力貸そうか」と言ってきたことがある。弟が暴力団組織と関係があるのを知っていたので、その頃もあまりかかわりを持たないようにしていた。弟は「街宣車を理事長宅につけ、交渉すればすぐに解決できる」と自信たっぷりに話した。暴力的かつ脅迫的に行うということが容易に想像できた。「俺は、俺のやり方でやる。時間がかかるかもしれないがお前の力は借りない。この件に一切手を出すな」と答えた。弟は「困ったらいつでも言うてや」と言い帰った。

他にも「先生には世話になったからなあ」とか「兄さん私に任せてください」など言いながら「裏の手」で解決しようとするささやきがあったが一切耳を傾けず、自分の信じる道を歩もうとした。私は裏社会と縁を切り教師になった身。裏の力を借りるつもりは毛頭なかった。

組員の取立てを追い返す

父は、闘病の末、大きな借金を残し七二歳でこの世を去った。父からの相続は借金しかなかったので、気にすることなく相続放棄した。私たちの実家が競売に掛けられ人の手に渡るのを母は嘆いたが、私たちは見守るしかなかった。弟は借金まみれで友人宅を転々として暮らしていた。

ある日裁判所から一通の書類が私宛に届いた。封書に「あなたが保証した手形の決済に付き、二〇〇万円請求の訴訟がある」とあった。私には身に覚えがなくこれも法廷で争うこととなった。解雇闘争、高利貸しとの闘いと三度目の法廷闘争である。私の筆跡でないことも明らかとなり、この裁判は私の勝訴となった。しかし単純には喜べなかった。なぜならこの事件の裏には弟が絡んでいたからだ。

そんな中、弟はこの世を去った。突然の死に私は「殺されたのではないか」と思った。弟に恨みを持つ人は少なくないからだ。しかし、心筋梗塞による突然死であった。葬儀にはたくさんの組関係者が参列していた。

父の時と同じように弟の相続放棄の手続きをした。しかし何人もが、弟に代わって借金の弁済をしてほしいと訪ねて来た。ある組員は私の職場まで来て「兄さん、弟さんに貸した金何とかしてもらえないですか」と依頼した。「兄とは言え、借金は別です。弟に対する相続放棄の手続きも済ませているので、支払う義務はない」と答えた。「兄さん、少しでも何とかなりませんか。でないと私ら明日にも飛ばなあかんのです」とさらに言われたが、「悪いけど飛んでくれ」と答えた。付いてきたチンピラふうの若者が私に怒鳴ろうとしたが、その人物が若者を制止し「失礼しました」と帰っていった。「飛ぶ」というのは「この地域から姿を消す」ことを意味している。それ以降、彼の姿を見かけることはなかった。

その後も私だけでなく、弟の息子、娘、私の姉のところへもいろいろな人が来た。「ややこしい奴が来たら、俺のところに来させて」と言ってすべて私が対応した。対応に困る連中もたくさんいたが、命まで取られる心配はないので、逆に強い口調で追い返したこともあった。妻は私の身の安全を心配していたが、私が関わらないと誰も解決することができなかった。同情したり脅迫されて一人でも少額でも返済すると奴らは必ず群がってくる。誰にも一円の返済もすることなく乗り切った。

私の星

私の母は、私が高校をX学園から独立させる方向で歩みだした頃に、大動脈解離で緊急入院し、一五時間もの手術で一命をとりとめた。しかし、自宅に戻ってからは、着替え、食事、入浴などの生活のすべてに介助が必要となり、認知症も進んでいった。

私は毎朝、出勤前に「今から仕事に行くな」と声をかけた。すると「ケンカしいなや」と言うのだ。「俺、もう五〇歳過ぎているんやで。そんなことせんわ」と笑って答えた。帰宅して母の部屋に入って、「ただいま」と声をかけると、母は私の手を握り「怪我ないか？」と言う。「ないよ」と言うと、「あー、良かった」と笑みを浮かべる。妻は「あなたはどれだけお母さんを心配させてきたの」と笑った。

介護の中心は妻だったが、母がパニックになった時などは私の出番となった。やがて、私や妻の名前もわからなくなり、深夜に壁をスリッパで叩くなどが増え、これ以上の自宅介護を続けると私も妻も疲労が蓄積して倒れてしまうだろう。限界を感じざるをえず、特別養護老人ホームに入所してもらうことにした。

週に一度は家族全員で面会に行った。母は、八四歳の誕生日を迎えた。誕生日会を施設で祝ってもらったその翌日、永眠した。苦しむこともなく、安らかな旅立ちであった。

父、弟、母と次々と亡くし、私はその間も闘い続けてきた。私はいろいろな事件に巻き込まれ、気が付くといつも中心になって闘っている。ある人から「あなたはそういう星の下に生まれてきた人なのです。闘い闘い抜いて自分が磨かれて、その経験で得た力により、これまでの人生が切り開かれているのです。そのような人生でないとあなたは満足しないでしょう」と言われたことがある。

まさしくそんな人生を歩みながら、試行錯誤を繰り返し、現在の自分と出会えているのだと思う。同時にそこに自分自身の成長も感じられるようになっていた。

第九章　どんな生徒の叫びも受け止める

教師になって三七年。たくさんの子どもたちに出会い寄り添ってきた。

励まし励まされ、助け助け合い、一緒に歩んできた。

学校内外、昼夜を問わず、私を呼ぶ声が聞こえたらすぐに駆け付けた。

気になる子には私から会いに行くことも度々あった。

携帯電話を持ってからは「助けて」の声がいつ届くかしれないので就寝時さえ枕元に置いていた。

妻に「うちの子と学校の子とどっちらが大事なの？」とよく問われたが「うちの子はお前に任せておけば心配ない」と笑って答えるしかなかった。

そんな子どもたちとの有り余るエピソードの中からいくつか紹介する。（※名前はすべて仮名）

和斗――やっと夢を見つけたが……。

和斗は、ヤンキーをひとクラスにまとめて担任した時の一人だ。そんなに気の強い方ではないが、友人たちの影響で強ぶっている感じだった。

家庭では暴力が激しく、殴る蹴るは当たり前。物を投げ、壁などが穴だらけになっても親は止められない。両親は警察に相談する前に、私の所に相談に来た。そこで「じっくり話してみるので、警察に行くのは少し待ってほしい」と頼んだ。

翌日の放課後、彼の話を聞いた。「最近すぐイライラしてしまう。特に親の言動一つひとつにムカツク。陰で俺の悪口を言っているのもわかるし、いちいちうるさい。放っておいてほしい」など、分かるような分からないような話を繰り返した。イライラがどこから来るのか、自分自身も分からない様子であった。「先生の声を聞くと多少は落ち着くような気がする」と言ったので、「じゃあ、イライラしたら俺に電話をかけておいで」と電話番号を伝えた。

翌日、両親と彼を含め四人で話し合った。「イライラしたら私に電話する、両親も彼が暴れ出したら私に電話する。彼に対して気になることがあれば、彼にでなく私に相談する」ことになった。

以後、彼からも両親からもたびたび電話があった。時には電話口から怒声や物を投げる音がしたこともあった。そんな時「和斗を電話口に出してください」と言うと、彼はどんなに興奮していても必ず出てくれた。話し始めは興奮しているが徐々に落ち着いてくる。叱らず、原因や不満をひたすら聞いた。彼の怒りの土俵に上らず、絶対対立しないで、その土俵から降ろすことを心掛けた。こうして最後は互いに笑って電話を終えられた。

お母さんにはそのあと様子を説明し、かける言葉などを伝えて電話を切った。日が経つにつれこのような電話が減り、彼は家族とも落ち着いた会話ができるようになっていった。そして家族で外食に出掛けられるようにもなった。

彼の落ち着きには、就職が決まったことも大きかった。ある会社の製造部門の採用試験にチャレンジした。勉強らしい勉強をしてこなかったので、早々に筆記試験をあきらめ、自分をアピールできる面接試験重視で練習に取り組んだ。私も会社へ足を運び、彼の人柄などをアピールした。結果は「採用内定」。通知をもらった時、二人で抱き合って喜び、両親は泣いていた。この日から、彼の家庭での様子ががらりと変わった。

だが、この就職が彼と家族の生活を大きく変えることになるとは夢にも思わなかった。就職した彼は、仕事にやりがいを感じながら働いていた。ある日、母親から電話があった。「会社での事故で病院に運ばれ、重体」とのこと。私は病院に駆けつけた。数々のパイプにつながれた和斗がベッドに横たわっていた。手術は終わったのだが意識が戻らない。工場の高いところから転落し、頭部を強打したとのことだった。助かる確率は五〇パーセントと告げられていた。二日後、母親から連絡が入った。「状態が急変したので、すぐ来てほしい。もう助かりません。命のパイプを外すので立ち会ってほしい」と言う。彼の死を決める瞬間に、家族でもない私が立ち合うわけには行かない。しかし「とにかくすぐ行きます」と言って電話を切り急いで病院に向かった。

病室に入ると、すでに息を引き取った彼がいた。私の到着のほんの二〜三分前らしい。就職内定の知らせに彼も家族もあんなに喜び合った仕事先での事故。今度は手を握り合って泣くことになるとは……。葬儀の日、かつてのクラスメイトが全員集合し、あまりにも早い突然の死に涙にくれた。

茂――シンナーで現実逃避の日々を乗り越えて

私が解雇から職場復帰した時の一年生に、茂がいた。彼はクラスのボスだったが、誰とも関わらず授業中は常に寝ていた。

茂自身はあまり関わっていなかったが、このクラスでは激しいいじめが毎日のようにあった。担任は困っていたが知らぬふりをしている感じだった。この年は、入学時約三〇人の一年生だったのが半年の内に一〇人も退学した。ヤンキーたちは学校への不満と不信がいっぱいで、破壊といじめが日々爆発していたのだ。ハンマーで校長の愛車を破壊した生徒もいた。

私が副担任となった時、クラスはすでに崩壊状態で、ついに在籍者は一六人となった。何もできないでいる担任を見ながら、私は生徒に積極的に関わり、ときには家庭訪問もした。

茂の家にも行った。茂は割烹料理屋のアルバイトに出掛けていたので、両親とゆっくり話すことができた。茂は稼いだお金をほとんどバイクに費やしていた。アルバイトを終え夜遅く帰宅するとすぐにバイクで走っていた。暴走族に属していたが、普段は一人で走り回り、毎日朝帰り。両親は共働きで、毎朝一度は寝ている茂を起こすが二度寝し、遅刻、欠席が続いていた。父親が注意しても聞く耳を持たず、暴れ出すこともあった。

父親が「私の言うことには反抗するばかりで、何も聞き入れてもらえません。先生の方でなんとかなりませんか」と悲壮な表情で訴えてきた。「親の言うことを聞かない子が、先生の言うことなど聞くはずがありません。でも、出席日数不足で留年となるので、できる限りのことをしてみましょう」と答えた。

ある日、彼は登校するやいなや教室の机をなぎ倒し、自分の席に座った。他の先生からの連絡で教室に入ると彼は机の上に顔を伏せて寝ている様子。顔を持ち上げ「おいどうしたんや。何があった？」と尋ねた。普通なら暴れ出すに違いなかった。だが、彼はゆっくり顔をあげた。目はうつろで「何？」と一言発した。口から異様な臭いがした。瞬時に「シンナーをしている」と分かった。この時の学校の校則では、シンナーは即刻退学となっていた。

私は彼を連れ出して保健室へ行き、多量のお茶を飲ませ、しばらく寝かせた。全く目覚める気配がなく、放課後四時過ぎに私が起こして初めて目覚めた。「おはよう」と声をかけると、驚いたようで目を丸くして私を見つめた。

「えっ、ここどこ？　何で先生おるん？」。彼は今日のことをまったく覚えていず、自分のいる場所も理解していない様子だった。その場で彼と話し込んだ。シンナーのことを問い詰めたが「やった」とは認めなかった。彼は、私も含め先生と名のつく人間は根本的に信用していなかった。「肌荒れがひどいのはアトピーだと思っていたが、シンナーが原因かもしれない。眼球が微動しているのも……」と私は思った。

本人に内緒で彼の母親に会い、シンナー吸引の疑いを尋ねた。母も疑いを持っていた。幾度となく彼からシンナーの香りがし、部屋をこっそり探ると、ゴミ箱から強いシンナーの香りのビニール袋を発見したこともあったが、尋ねたら暴れるので怖くてできなかったそうだ。

あと数日欠席すると留年が確定する。母親は私に自宅のカギを渡し「毎朝、あの子を起こしてくれませんか？」と頼んだ。出勤経路を少し変えて、毎朝彼の家に寄ることにした。毎朝、彼を起こしに行った。六畳ほどの部屋は寝床以外ゴミだらけで足の踏み場がない。灰皿には山のような煙草の吸殻。

初日は連絡なく行ったので、寝起きに私が立っているのを見て驚いていた。「なんや、お前の部屋。少しは掃除しろよ」と言うと、あわてて煙草を隠した。「アホ、いまさらそんなん隠しても遅い。しっかり見たで。学校には言わへんから安心しろ」と言うと彼も笑った。

その日から彼の家へ毎朝寄って出勤した。ときどき彼の自転車に二人乗りして学校へ向かったこともあった。「今度、俺の単車に乗せてあげるよ」と言われたが「まだ死にたくない」と笑った。

ある日、迎えに行くと部屋中にシンナーの香りが充満していた。真冬だが窓を開けて風を通し、起こした。彼が「なんや」と言って突然襲いかかってきたので、投げつけた。大きな音を立て壁に衝突した。「痛てて」と座り込み、私を見上げた。「まだやる？」と笑って尋ねると「先生にはかなわんわ」と笑った。少量のシンナーが残ったペットボトルがあった。「おまえ、こんなことやっていたら死ぬぞ」と言うと、うなだれていた。

私はこの日、学校を休み、一緒に一日を過ごした。まず、一緒に部屋を掃除。ものすごいゴミの量に驚いたが、やりだすと彼の方が一生懸命にかたづけ「本当は俺、きれい好きやねん」と笑っていた。見違えるほど美しくなった。掃除を終え、二人で外食し、再び彼の部屋に戻った。

話を重ねていくなかで、ついにシンナーの話に踏み込んだ。彼はすんなり話し出した。「中学二年頃から三年間吸引していた。中三の時が最もひどく、毎日のように吸引していた。バイトで単車を買い、乗るようになってから回数は減ったが、月数回はやってしまう……」。

「やめる気はあるか？」と問うと「やめたい」と答えた。そこで私と三つの誓いを立てた。

1　シンナーをしている人とは付き合わない
2　学校、バイト、睡眠という規則正しい生活をする
3　シンナーを吸いたくなったら私に連絡する

彼は約束を守り頑張った。学校が休みの日も私の家に遊びに来たり、私の家族と一緒に釣りやバーベキューなどを楽しんだりして過ごした。肌艶も次第によくなり、やせ細っていた身体もたくましく変わって行った。けんかしたり校長と揉めたり、すぐに怒る性格は、なかなか治まらず、停学処分を二度受けたが、就職も決まり卒業できた。

卒業後、彼が二年間アルバイトしていた割烹料理店に招待され、フグのフルコースをごちそうしてもらった。「後は彼女やな、できたら紹介してや」と言うと「それだけはいつになるかわからん」と笑っていた。本当にうれしいひとときであった。

瞳――ヤングケアラー

瞳は、卒業まで三年間を担任した。明るくかわいい少女だったが、遅刻欠席が多かった。友人関係もよく、楽しそうに過ごしていた。電車を乗り継ぎ一時間以上かけて登校していた。「何で遅刻するの？」と尋ねると「遠いから」とか「朝、起きられない」と答えていた。

「一度家庭訪問をしたい」と申し入れ、彼女の案内で自宅へ向かった。

家に到着するまでの間に、衝撃の事実を知った。小学五年生のとき学校のプールに飛び込み頸椎骨折をした。家族は、首から下の機能がすべて麻痺することを覚悟したが、二度の大手術で奇跡的に神経がつながり、長い入院生活とリハビリを経て退院できたそうだ。首に太い金属製の骨（柱）が入っているが体の機能はほぼ正常に働いている。

意識が戻るまで数週間かかった。その間に彼女の母親が看病疲れで突然倒れ、帰らぬ人となった。それは退院の五ヶ月以上前だったが、回復には強い精神力も必要なので、家族で相談した結果、退院までは知らせなかった。この事実に直面して、彼女はショックから立ち直るのに一年以上要したそうだ。

悲劇はこれだけでは終わらなかった。中学一年時、突然父が脳卒中で倒れ、車椅子生活となった。腕の良い料理職人だったが、酒におぼれていった。飲むたびに暴れ、彼女は幼い弟の手を引き、家出を繰り返していた。「戻りたくない」と何度も考えたが行く当てもなく、近くの公園や学校の廊下などで夜を過ごし、父が落ち着くのを見計らって家に戻っていた。

彼女は「お父さんはお酒さえ飲まなければいい人なのに……」と言っていた。

瞳は主婦と介護、弟の母親代わりと、何役もこなしながら高校生をしていたのだ。朝食と父の昼食の準備、洗濯、掃除、そして父の介護の後、弟を小学校へ送り出し、その後登校する。生活費は生活保護のみだった。弟の授業参観や懇談、市役所の対応をし、父のわがままなどがあれば学校を休むしかなかった。頸椎に爆弾を抱えながら、寒い冬は首の痛みに耐え頑張っていた。

こんな瞳に誰が「学校を休むな、遅刻するな」と言えるだろうか。私は、彼女には特別な対応をすることにした。放課後に授業を行ったり、夏休み補習などで、遅刻や欠席を補った。彼女はむしろ喜んで補習に参加した。彼女が最も落ち着ける場所が学校だったからだ。

瞳が卒業する直前に、父親は他界した。アルコール中毒によるものだった。葬儀に参列した時、彼女の顔に父を亡くした悲しみより安堵に近いものを感じた。

瞳には二年前から交際しているクラスメイトがいて、その時、彼女は妊娠二ヶ月だった。出産後に入籍し、今は二男一女に恵まれて暮らしている。

当時小学校低学年だった弟も、彼女夫婦が保護者となって、私がいるこの学校に入学した。ヤンキーぶりには少し手こずらされたが卒業でき、結婚して今では二児のパパとなっている。

正——人間不信、「死にたい」からの脱出

中学卒業後一年経って、正は入学してきた。中学校時代は三年間全く登校していない。無口で、か細い子だった。高校入学後もすぐ登校しなくなり、よく家庭訪問をした。両親は彼が幼い頃に離婚し、祖父母と暮らしていた。保護者は母だったが、月に二〜三度家に帰るだけでほとんど会社の寮で生活していた。行方知れずの父親のことはあまり記憶にない。彼は人間不信に陥っており、私が訪問しても会えることは少なかった。

ある日、携帯に電話があった。「僕はもう死にます」。

急いで行って会った。ある芸能プロダクションのオーディションを受けたが、最終審査で落ち希望を失ったとのこと。彼は美男子だった。話を聞いてなだめて帰宅した。その日以後「もう死ぬ」「死にたい」などの電話が、昼夜を問わずかかってきた。そのたびに「死んだらアカン」と言って会いに行った。

久しぶりに会ったある卒業生に「死にたいとか死ぬとか毎日のように電話をかけてくる

子がいるんやけど、どう思う？」と尋ねた。彼は「先生、死ぬ死ぬって言う奴にホンマに死ぬ奴はおらんよ。それは先生に相手してほしいからや。本当に死ぬときは誰にも言わない」と答えた。この言葉は説得力があった。

その日の深夜、正から電話があった。「ぼく、もう死ぬ」といつもの声。「こんな夜中に会いに行くの無理や。また、明日話を聞くよ」と言うと「明日じゃダメ。僕もう死んでいる」と答えた。迷ったが「俺はお前に生きていてほしいと思っている。でも、今は会えない。明日、会えるのを楽しみにしているよ」と言って電話を切った。

翌朝、彼から「先生……」と電話があった。「まだ生きていたか。良かった」。

夕方に私の家で会う約束をした。その日は寄せ鍋で歓迎した。私の家族、母、妻、子ども三人との計七人の夕食だった。彼は上品にゆっくりと食べていたので「俺の家族と食事するときは、もっと下品に厚かましく食べたらいいんやで。うちの息子らは他人の事は考えず貪欲やから、ボーとしてたらなくなるぞ」と言うと、彼は今まで見たことのない笑顔を見せた。

鍋をみんなでつつくなんてことはしたことがなかったそうだ。この日から週末に私の家で食事することが多くなった。

しばらくすると「アルバイトがしたい」と言い出し、原付バイクの免許を取った。その後バイクを買った彼は、アルバイト先もそれで行くようになった。表情も明るくなり、楽しく充実した日々を過ごしているように見えた。

ある日「バイク事故をして、今病院にいる」と連絡があった。すぐに駆けつけると、ベッド横に彼の母と主治医がいた。右足の複雑骨折で至急手術する必要があった。しかし、彼の母が同意書にサインせず手術できない。未成年の手術には親の同意書が必要だが、母親は宗教上の理由で「絶対に輸血手術を受けさせない」と言う。私と彼がいくら説得しても「ダメ」としか言わない。「輸血しないと死ぬかもしれないんだよ」と言う彼の悲痛な叫びにも、「それは死ぬということではないの」など到底理解できない理屈が並ぶ。

主治医を病室の外へ連れ出し尋ねた。

「私のサインではだめですか」

「だめです。親族でないから」

「祖父ならいけますか？」

「祖父なら大丈夫です」

早速、妻の運転する車で正の自宅に行き、事情を説明して、彼の祖父を病院に連れて行った。祖父は気軽にサインしてくれた。私は、母親が戻らない間に主治医にお願いして、手術を始めてもらった。親族は誰も立ち会うことなく、私と妻が手術室の前で待った。手術は輸血なしに成功した。正は一か月ほど入院し退院した。通院、リハビリを経て順調に回復し、元の生活に戻ることができた。

その後、正と母との関係はますます悪化し、会話もしなくなった。母親はいつも彼のことを心配して電話してくるが、布教活動と仕事に明け暮れ、正との時間を作ろうとはしなかった。

彼は卒業後、パソコン関係の職についた。その後も彼の母親からたまに電話があるが、正からは連絡はない。母によると、東京で一人暮らしをしながら、プログラマーをしているそうだ。

智子——妊娠、出産を支えて

高校を設立し、初年度をあわただしく終えようとしていた二月に、智子が三年生に転入してきた。

その前に転入の相談に来た。あと一ヶ月余りで卒業となるのに、今いる高校を退学になったのだ。理由は「妊娠」。その学校は「妊娠すれば即刻退学」とされていた。それを避けるため、内緒でやむなく中絶した子もいるそうだ。

智子の妊娠は卒業目前に発覚した。一月中ごろ呼び出され、先生に聞かれた。隠すのがイヤで「はい」と答えると説教が始まった。「なんて恥知らずな奴だ」と何度も罵倒され「犯罪者扱い」のようだった。結果は「一月末をもって退学」。

智子は、「妊娠するのは犯罪ですか？　入籍も済ませ、出産すると決めた。これが不正行為なのですか。卒業寸前で退学になるようなことですか」と涙ながらに訴えたが通らなかった。話を聞いて「こんな無情な学校があるんだ。たとえ妊娠は退学とされていても、わずか二ヶ月ほど目をつぶってあげたらよいのに」と怒りを感じた。「うちの学校は、妊娠しても退学にはならないよ。自分の体調とよく相談しながら登校し、卒業までの単位を取ればいいよ。元気な赤ちゃんを産んでね」と言った。

担任は私がすることになった。妊娠した子が登校し、学校生活を送るという経験は初めてだった。自分の子は三人もいるが、子育てはほとんど妻任せ、出産にも一度も立ち会わなかった。妻の妊娠の時以上に一から学習した。安定期とはいつか、産前産後の休業、母子の健康、などなど。

智子は産前四週に入る前に、各科目の出席を終えて、出産に臨んだ。九月初旬、無事女児を出産。彼女の喜びに満ちた声が私の携帯電話に届いた。

彼女は妻と母、そして高校生の三役を成立させ、三月の卒業を迎えた。智子一九歳。一歳遅れての卒業となったが、この高校では珍しいことではなかった。幸せそうに夫と彼女の母親と一緒に卒業式に参加しているのを見て、私も幸せな思いでいっぱいだった。久しぶりに抱いた赤ちゃんは、温かく本当に可愛かった。

この経験を生かし、妊娠した生徒への対応と指導に当たった。「望まない妊娠をしても、みんなから祝福され望まれて生まれてきてほしい」と私は常に願っている。その後も在学中に妊娠する子がいて、毎年のように複数の高校生ママが誕生している。

可能なら卒業後に結婚、出産と運んでほしい思いがあるが、中には在学中に三人も出産して、在籍六年目の二一歳で卒業した生徒もいる。彼女の場合は結婚しているので問題はない。が、未婚の母となるケースもあって、「無事出産」の知らせはうれしいが、複雑な心境にもなる。私たちにできるのは、その生徒を卒業するまで支えることと、母子ともに健康で幸せに生きていくことを願うことだけである。

ちなみに、私たちの学校は卒業までの必要な学費を完納すれば四年目以降の学費は無償となり、最長九年間在籍できる。学費の心配なく学籍延長できるので、登校可能な日までゆっくりできる。だから妊娠した場合は、退学せずに四年以上かけて卒業する生徒が多い。やはり「よくやった」と拍手されるような妊娠であってほしいと強く思う。

まみ――優しい彼女にもいろんな顔がある

まみは地元では有名なヤンキーだった。中学校三年で彼氏と一緒に暮らし、あまり学校へ行かなかった。たまに登校しても先生と衝突ばかりして、要注意人物とされていた。

だが、高校入学後の彼女は、友達思いの優しい子だった。通信制なので毎日登校する必要がないのに、学校が好きで毎日のように登校していた。職員室の私の横が彼女の定位置となっていた。私の机の整理をはじめ、外出や帰宅時には私の目となって介助してくれた。愛想もよく、いつもニコニコして教職員はじめ、学校で出会うすべての人から好かれていた。授業や行事、レポートなどにも積極的に取り組み彼女を悪く言う者は誰一人いなかった。

ある日、在校生の近況報告と来年度の生徒募集のため、彼女の母校の中学校を訪問した。私は、どの中学校へも出身生徒と一緒に訪問する。「まみ、お前の出身中学校を訪問するけど、一緒に行くか」と声をかけると快く引き受けてくれた。

放課後、その中学校に着くと、応接室へ通された。しばらくすると女性の先生が入ってきてお茶を差し出した瞬間、まみが「お前のお茶なんか飲めるかよ。この中学校で一番お前が嫌いや。早く出て行け」と鋭い口調で言い放った。こんな怖い顔のまみを見るのは初めてだった。

私は「すみません。この子はいつも優しいのですが……」と謝った。先生が退出した後、まみは「なんであいつが出てくるねん。ホンマにあいつは嫌いや」と怒っていた。「ごめんな。俺が誘ったばかりにイヤな思いをさせて。もう帰ろうか」と言うと「先生は悪くないねん。こっちこそごめんね」と言った。違う先生が二人入ってきた。いつものまみに戻り、私が学校の説明をしている間もニコニコ笑顔を振りまいた。

中学校を出たとき「なんであんなに怒ったんや？　後にきた二人の先生は大丈夫やったんか？」と尋ねると、「後の二人の先生はあまり知らんねん。ただ、あいつだけは許されへん」と、その先生から受けた屈辱、差別、イヤがらせなどについていろいろ語った。「とにかく、悪い気分にさせてごめんやで。でもあんなにまみが怒ったら俺も居づらくなるわ。あんなに怒ってるお前見てびっくりしたわ」と笑うと「もう、ごめんやて」と言って二人で笑い合った。その年以降、彼女の母校からこれまで以上にたくさん入学してくるようになった。その後も、まみは仲間からも教師からも信頼され、行事などで欠かすことのできない存在となっていった。

三年生になろうとしたある日、まみは地元のトラブルに巻き込まれ、相手を怪我させて逮捕された。学校のみんなは「あの優しいまみちゃんが、まさか……」と、到底信じられなかった。私は彼女が収容されている鑑別所へ面会に数回出向いた。教職員や仲間たちも手紙を書いた。学校から裁判所へ嘆願書を提出し、私は審判にも同席した。

審判の結果「保護観察処分」となり、逮捕から約一ヶ月で戻ってきた。保護観察所で手続きを済ませ、「お疲れさん」と声をかけると、嬉しそうに「ありがとう。本当にごめんなさい」と笑顔で答えた。うれしそうな彼女の横顔が、春の夕日に照らされて本当にかわいらしかった。

私は「おまえのスッピン初めて見たけど、そのほうがきれいやで。ひげいっぱいはえているけど」と言うと「うるさいなあ。顔そりしてへんから。明日はしっかりメイクして飛び切りのべっぴん見せたるわ」と笑っていた。翌日から彼女は登校し、すぐにいつもの姿に戻ることができた。彼女は三年生の春、卒業式で答辞を読んでくれた。

あの日の彼女の可愛い笑顔は一生忘れることはない。彼女は今も私の目を気遣い、連絡してくれる。三〇歳を過ぎ二児の母親としてがんばっている。私は、昔も今もいつも彼女から元気をもらっている。

真一――悪を極めるか、高校を卒業するか

真一は、中学校卒業後、公立高校に入学したのだが、生活指導上の問題で退学処分となった。その後、事件を起こし少年院に入った。彼の友人が私に、「少年院にいる真一という友達が出てきたらこの学校で面倒みてあげてな」と言ってきた。

真一は少年院を出てから、また別の公立高校を受験し合格したが、入学後も生活は相変わらずで、問題を起こしこの学校も退学処分となった。

同年代のほとんどが卒業し、一九歳を迎える年にこの学校へ編入した。真一は地域で名の通ったヤンキーで、後輩たちから恐れられていた。年下の高校生たちとうまくやって行けず、学校生活でも私生活でも問題行動を繰り返していた。学校で暴力は振るわなかったが、教師にはかなり不信感を持っており、入学前からよく話していた私にしか、近づこうとしなかった。

ある日は薬物持参で登校し、休憩時に吸引することもあった。薬物の売買もしているよ

うで、どんどん深みにはまり大変心配な状態になった。次第に登校が減り、連絡もなかなか取れなくなった。

そんなある日、ついに薬物所持で逮捕され、再び少年院で過ごすことになった。私はもう一人の先生と一緒に、少年院へたびたび足を運び、真一と面会した。施設の中では、人と話すことも笑うことも許されず、徹底した管理のもと、孤独に耐え、ただ黙々と作業に励むしかできなかった。面会に行った私たちに「笑顔になれるのはこの時だけ。ホンマに苦しい。もう二度と失敗はしない。コーラがこんなにうまいとは……」などと言いながら、差し入れたコーラをおいしそうに飲み干した。

少年院で二〇歳の誕生日を迎え、二一歳を迎える年に高校に戻った。その時、私に「高校を卒業しようか迷っている。もうええ年やし、失敗でけへんし、親にも迷惑かけすぎたし。学校辞めて働こうかなって考えている」と言った。

私は「まあ、それもお前が選ぶ道。でも、一度高校を卒業したいと登りかけた山、登り切って山頂からの景色を見るのも悪くないと思うで。その時、お前の目に何が映るのかわからんけど、きっと達成感はあるよ」と答えた。

数日後、真一から連絡があった。「俺、やっぱり学校続ける。何もかも中途半端で終わるのイヤやし、仕事しながら卒業をめざす」と言った。その後、学校と仕事を両立させて、卒業目指して再び歩み始め、その年の春、卒業となった。高校生活通算七年目、二二歳の春であった。

卒業式の前日に「前祝い」と称して友人と深酒をし、答辞を読む予定なのに遅刻し、しかも二日酔いで現れた。「お前はホンマに最後までハラハラさせるなあ。大丈夫か？」というと「俺、ホンマはブチったろう（欠席しよう）って思ったんやけど約束したから今日はがんばる」と笑って答えた。

答辞の中に、「悪を極めるか、それとも高校を卒業するか考えたが、俺はこの高校を卒業することに決めた」という言葉があって、印象的だった。

卒業後、真一は結婚し、二児の父として頑張っている。電線の工事関係の仕事で、私の自宅のテレビ線の工事を依頼した時には喜んで来てくれた。彼の手際の良さと生き生きとした仕事ぶりに感動した。

「今、お前の前に薬物を出されたらどうする?」と尋ねると、「もうやらないと決めているけど、はねのける自信はない。我慢できないかもしれない」と答えた。自分も周りの人もあんなに苦しんだのに、そして今は幸せな家庭が築けたのに「我慢できないかもしれない」と言う言葉に驚かされ、この時、薬物の恐ろしさを痛感した。

雄大――逮捕五度、その経験も無駄にしない

雄大は、中学時代に鑑別所や少年院で過ごした経験がある。当時は暴力と破壊の繰り返しで、最後は中学の先生に暴力を振るい少年院へ送られた。ヤンキーの中では一目置かれる存在だった。

中学での理解者は教頭先生だけで、他の先生には反発しかできなかったという。教頭先生の協力と少年院の理解のもと、一日だけ外に出て受験をし入学してきた。人との関係の作り方もわからないまま中学時代を過ごし、突っ張ることでしか自分を表現できない、卒業への強い思いもない彼と向き合うには、私たちも相当な覚悟が必要だった。

そのことを私たちが確認し合える日がやって来た。入学式の開始直後、雄大が後ろの生徒と睨み合った。突然立ち上がり「なに睨んでんな。表に出ろ」。会場は静まり返り一触即発の雰囲気となった。雄大と入学前から面識があった私は、すぐ雄大を会場から連れ出して別室で二人で話し合った。

雄大は、私やこの学校をある程度理解していたので、反発することはなくしっかり話し込むことができた。会場には戻らずこの日は別室で過ごした。入学式終了後、睨み合いになった生徒にも来てもらい、雄大が謝って和解できたが、正直「この先、思いやられるなあ」と思った。

彼はなんと、最初の登校日に車に友人数名を乗せて、学校に来た。彼は一五歳なのでもちろん無免許。車は、他の先生が自宅まで届けた。後で分かったことだが、しかも盗難車だった。

次に登校してきたのは、漢字検定の試験日だった。母親が車で送ってきたが、降り際に対向車の運転手と睨み合い、口論となった。私が事務員さんに呼ばれた時、相手方もすごく興奮していた。二人を引き離して雄大を校舎内に入れ、彼に代わって相手に謝罪しその場をおさめた。

雄大は学校外でもよくケンカをした。中学時代と何ら変わりない過ごし方の彼には、登校するたび厳しく説教した。

ある日、雄大は校外で暴力事件を起こして再度逮捕され、鑑別所へ送られた。通算四度目の逮捕で、雄大も私たちも少年院生活を覚悟した。しかし、鑑別所内での彼はとても反省していて態度もよかった。私たちからも要請し、裁判所からも今後の私たちへの期待が伝わった。審判では、裁判官の寛容な判断で保護観察となった。私がかかわった少年事件の中で、最も寛大な処分だった。

学校での彼はかなり落ち着いてきたが、私生活はまだまだ改善が必要だと私は感じ「また何かしでかさないか」と不安だった。不安は的中した。三年の六月に暴力事件で、また逮捕された。入学して二度目、通算五度目の逮捕で少年院送致となった。

結婚する予定の彼女のお腹には子が宿っていた。彼女や自分の子のためにも本気で更生しなければならなかった。少年院を訪問した時や彼の手紙に「今度こそ暴力は卒業する」という強い覚悟が感じられた。

少年院から出院後、彼は学校に戻ってきた。初登校日、彼は一人の先生と約二五キロの距離を走って登校した。かねてからその先生と約束していたようで、足を血に染めて職員室へ入ってきた。運動靴がなくてクロックスで三時間近く走り続けたそうだ。彼の顔にこれまで見たことのない達成感が満ち、笑顔いっぱいだった。

「今度は本気で頑張るぞ」という強い決意を私たちは感じた。

五年目の春、ついに高校卒業。卒業式当日「この五年で、我慢する大切さを学んだよ。俺はたいていのことは我慢できる」と言っていたのが、心に強く残っている。

雄大が卒業して三年ほど経ったある日、彼と一緒に走った先生と二人で彼に会った。建設業の会社を立ち上げ、数名の社員とともに事業拡大を図っているとのことであった。「少年院で過ごす少年たちを、会社に受け入れたい」と言う。出院した少年たちの就職はかなり難しいので、積極的に雇い入れたいとのことだった。

私は、保護観察所を紹介し、そうした少年たちを雇用する「協力雇用主」という制度があることを教えて、登録を勧めた。彼にとって、これまでの生き方や経験は決して無駄ではなかったのだと、うれしくなった。

小百合――男性依存からの脱却

早百合は中学卒業後すぐにこの高校に入学した。中学時代は学校に馴染めず、あまり登校できていなかったが、器量の良さもあり、男性の人気は絶大だった。まわりには、いつも彼氏もしくは彼氏のような男性がいた。彼女の恋は熱しやすく冷めにくいという感じで、以前の相手を忘れたくて次を探すことの繰り返しだった。男性から迫られると「ノー」とは言えず、交際していない人とでも関係してしまうことも少なくなかった。自分の近くに男性がいてほしくて、その彼に依存するのが常であった。時には、交際相手と一緒にいられない日には他の男性を求めてしまう。夜を一人で過ごすのが寂しいというだけで、男性を呼びこむこともあった。

住まいはマンションで、両親と三人暮らしのごく一般的な家庭。だがいつの日からか両親は彼女とほとんど関わらなくなった。私が両親になんどか会って彼女の状態を話しても、心に響いている感じはしなかった。私は彼女が学校へ来るたびに、その当時最も親しくしている男性の話を聞かされた。「好きな感情もないまま関係を重ねるのはアカン」と何度言っても繰り返した。

深夜一二時過ぎに彼女から電話が入った。「私はもうあかん。死ぬ」と助けを求める声だった。妻の運転する車で彼女の自宅へ向かった。両親はすでに就寝している様子で、そっと彼女の部屋に入った（妻は車で待っていた）。衣服があちこちに脱ぎ捨てられ、ごみが散乱し、足の踏み場もない部屋で彼女は一人泣いていた。部屋に入ると、彼女は私にすがり泣き続けた。どれくらい時間が経過しただろうか、彼女は私の胸から顔を上げ、涙顔で小さく「ごめんね」と言った。とにかく、散乱した部屋を片付け、掃除した後に話を聞いた。

人を好きになることへの不安、捨てられる怖さ、求められると断ることができない自分、誰の子か分からない妊娠、中絶、本当の恋愛とは……など、泣き出しては話し、話しては泣きを繰り返し、苦しい胸の内を明かした。私は「そうかぁ」「しんどいね」「大変やなぁ」という言葉を繰り返すだけで、涙を拭き取ってやることもできなかった。

ある日の夕方、電話があった。

「今、男の人とドライブしている。彼は車を降りてジュースを買いに行っている。迫られているけど、どう断ったらいい？」

「好きなのか？」

「分からない。でも嫌われたくない」

「あなたを本当に好きか分からない。でも好意は持っている。これ以上迫らないで。こんなことであなたを嫌いになりたくない、と拒め。それでも強引に迫る奴は、ほんまにアカン奴やから逃げろ。今から迎えに行ってあげるから」

一時間ほど後、彼女から再び電話。「先生の言う通り伝えたら、あきらめて家に送ってくれた」と嬉しそうに話していた。「おまえは、十分魅力ある人や。自分を粗末にしたらアカン。心と体をバラバラにして行動するのは自分を苦しめるだけ。それに気が付いた自分に出会えて良かったな」と伝えると「うん」と言った。泣きながら「先生、涙って嬉しい時にも出るんやね」と言っていた。それが今も心に残っている。

卒業後彼女は成長したものの、男性への依存は解消されたわけではなかった。二〇歳を過ぎて結婚し出産したがすぐに離婚した。数年後に同じ学校の卒業生である男性と数年同棲した。その男性は彼女の子どもを我が子のように面倒をみていた時もあった。

卒業後十数年たって、彼女を含めた卒業生仲間の集まりがあった。私も招待された。彼女との再会は七年ぶり。その中に彼女と同棲していた元彼氏もいた。「おまえ、元カレが一緒で気まずくないの？」と尋ねると「あいつが来てることは、まったく知らなかった。

でも大丈夫。今は何とも思っていない」と笑って答えた。

「今は、誰かいい人いるの？」と尋ねると「もう何年も彼氏はいないよ。もう、男はこりごり。今は息子と過ごしている時間が最も楽しい」と答えた。今は両親と息子で暮らしていると言う。やっと男性に依存することなく自分の生き方を見つけ、家族と幸せに暮らしている様子に安心した。

リンダ――外国の文化に縛られながらも

開校以来、毎年のように、外国から移住した子どもたちの入学がある。韓国、中国、ブラジル、フィリピン、アメリカ、ミャンマーなど、国籍はさまざまだった。多くは日本国籍を取得しているが、親はほとんど日本語を理解できない場合が多く、三者懇談は、子どもが通訳しながら進める形になる。

リンダは四月に三年生に転入してきた。三歳の頃、二人の兄と両親と共にアフガニスタンを脱国し日本へ亡命した。激しい戦禍の中、捕虜となったが、命からがら脱出したとのこと。日本国籍を取得し、父はイスラム教の聖職者をしつつ工場で働き、家族を養っていた。彼女は女子校に二年間在籍したが、三年生に進級できずこの学校に転入してきた。私が担任になった。

三者懇談で驚いた。両親はほとんど日本語を理解できず、同席した彼女の兄を介しての会話となった。

イスラム教徒で、食べ物、衣服、交友関係などに厳しい制約があった。豚肉を使った料理は食べない。髪は常に布で隠し、長袖・長ズボンもしくはロングスカート・タイツで、肌を他人に見せない。宿泊行事には参加させない、男性と話すのも一緒に写真に写るのも認められない。ラマダン（断食月）の時期は、陽が沈まないと食事できない。女性は本来一四歳から一六歳で結婚し、家庭に入る。だから、高校を卒業する意義を感じない。日本人とは結婚させない。父親がイスラム教徒の中から相手を選び、見つかり次第、退学させ結婚させる……。

要するに「娘のことはすべて父が決める。日本人としては生きさせない」ということだった。高校で学ぶことの意味を理解しない両親ではあるが、支援者から説得されて転校に同意したらしい。前籍校は女子校だったが、本校は男女共学校なので、両親は「男性がいる」ことをとても心配していた。

この懇談は私が初めて耳にする内容が並んだ。両親はイスラム教徒以外の人をまるで信用していないように感じた。

初めての登校日、彼女が「相談がある」と言う。放課後に訴えるように言ったのは、次のようなことだった。

「私はアフガニスタンで生まれ、両親ともアフガニスタン人。でも日本の学校で学び、友人はすべて日本人。イスラム教徒だけど、それほど深く信仰しているわけではない。親の言う通りには生きたくない。男性の友人も欲しいし、普通に恋愛もしたい。日本人の一人として普通に生きたい」。そして続けた。「だからこのスカーフを外してもいい？」

私は彼女の言葉から、日本の普通の女の子と何ら変わりはないと安心した。「なんでそんなこと聞くの？」と尋ねると、「親にチクらない？」と返してきた。「そんなんリンダの自由やん。親には言わないよ」と答えると彼女はその場でスカーフを頭からはずし、手に取った。

「ほんまはこんなん着けたくないねん」と笑顔で言った。さらに今の状況や思いを話した。家族への怒り、不平不満がたくさん出た。

――両親から威圧的に扱われ時には暴力を振るわれる。兄には認める事柄でも、自分には許可しない。両親はいつまでも日本になじもうとしない。自分の将来も自分で決めることができない。すべてイスラムの教えに基づくもので、どう訴えても両親は聞く耳を持たず、そむけば暴力で押さえつけられてきた。激しい暴力に耐えかね、何度か警察に駆け込んだこともあった。児童相談所で一時的に保護されたこともあった。

そんな虐待を受けながらも、彼女は「自分の将来は自分で見つけたい。父が選んだ人と結婚するのが私の目標ではない。ファッションも友人も自分で選びたい」と涙ながらに語った。

信仰心が強く、文化も育ちも違う、まして日本語も通じない両親とどう向き合っていくかが、リンダと向き合うよりはるかに困難だと痛感した。「日本には嘘も方便という言葉がある。今は親をごまかしながら歩んで行けばよい。リンダのついた嘘は俺が真実《まこと》にしてやる」と言うと、「えっ、それどういう意味？」と尋ねた。「まあ、一緒に嘘をつこうっていうことや」と答えると「先生そんなんでいいの？　嘘を一緒につこうって言った先生と出会ったの、初めてやわ」と笑った。

前途多難であることは間違いないが、「彼女の自由のためには嘘も必要」と自分に言い聞かせた。「彼女にもみんなと同じ高校生活を楽しませてあげたい」と強く思った。

彼女の登校のたびに母が尾行のように付いてきた。母は彼女が学校へ入るのを見届けてから帰った。リンダはいつも「私をまるで信用していない」と怒っていた。彼女は社交的で、すぐにたくさんの友達ができた。放課後友達と談笑する姿もよく見かけるようになった。父が決めた帰宅時間を少しでも過ぎると電話がかかってきた。カタコトの日本語で「いつ帰ったか？」と聞かれたが、私は「今日は残って勉強している」などと言った。

ある日、彼女が慌てて職員室へ駆け込んで来た。「しばらくお母さんが尾行しなくなったので、駅のトイレでスカーフを外し、化粧をしてトイレから出たらお父さんが立っていた。腕をつかまれたが、それを振りほどき、走って逃げてきた」とのことであった。

お父さんがやって来た。何を言っているのかわからず、私の話も理解していない様子。リンダの姿や振る舞いに怒っていることは分かった。お父さんは私に伝えるのをあきらめ出て行った。私が職員室に戻ると、私の席に隠れるように座っていたリンダが、「どうなった？」と尋ねた。「うん、何を言っているのかわからなかったけど、帰ったと思うよ」と答えると、「いや、絶対、私をどこかで待ち伏せしている」と言った。

授業が終わると、「お父さんがどこかにきっといるから、付いて来てほしい」と頼まれた。私は彼女と二人の友人と一緒に最寄りの駅へ向かった。リンダはしっかりとスカーフを巻き、化粧も落とし、周りを警戒して歩いた。結局、父親と出会うことなく駅まで送り届けた。

その夕方六時頃、彼女が友人と一緒に泣きながら学校に来た。手に大きな痣《あざ》を作り、首には絞められた跡が残っていた。殺されると思い、友人に連絡を取って学校まで逃げてきたのだ。「アフガニスタンでは父親が自分の思いどおりにならない子は殺す。それは罪には問われない」と言っていた。私は、「そんなことがまかり通るのか」と驚いた。「ここは日本。そんなことは絶対に許されない」と答えた。いろいろ話し合った結果、とりあえず児童相談所に保護してもらうことにした。二人の相談員が迎えに来て、彼女は無事保護された。彼女は児童相談所からある施設に移され、両親は警察署で厳しく指導されたようだ。

三ヶ月ほど経った頃、久しぶりに彼女が登校してきた。児童相談所の厳しい指導のもと、父親は「もう二度と暴力を振るわない」と彼女の前で誓約し、彼女は家庭に戻されることになった。そうして、後日、彼女は相談員に連れられ自宅に帰った。だが、相談員が帰るやいなや父は、「次やったら殺す」と言った。まったく変わっていないし、母も何も変わっていない様子に、さらに強い恐怖を感じた。

一方、彼女は「施設に戻るくらいなら、まだ家のほうがまし」と言う。「入所して二週間は外から施錠され、狭い部屋に閉じ込められた。寝床以外に何もない。外部と接触することもない。話すことも声を聞くこともない。ただ壁や天井を見つめているだけ。私は犯罪者でも精神異常者でもない。被害者だと訴えても、聞き入れてくれず、ただその部屋の中でじっと耐えるしかなかった。この状態がいつまで続くのかわからなくて恐怖や不安で気が狂いそうになった。こんなつらい思いをするのなら父の暴力の方がまし……。孤独な長い長い一日が、来る日も来る日も続いた」と話した。

虐待を受けた子どもたちの支援の実態に初めて触れた。今もこうした状態なのかは知らないが、「こんなことなのか」と私は強い憤りを感じた。

「家に戻るのも地獄、施設で保護されるのも地獄。被害を受けた子どもたちはどこに行けば良いのか」。私はこの思いを児童相談所にぶつけてみた。ところが、担当者からは「決まりです」「仕方がない」「私にはどうすることもできない」などの答えしかなく、何ら聞き入れてもらえなかった。「これは保護とは言えない。さらなる虐待ではないのか」という怒りしか残らなかった。

こうした中、彼女の学校生活が再び始まった。リンダにとって学校が最も落ち着く居心地の良い場所となっていった。写真やプリクラもみんなで一緒に撮った。相変わらず親から行動は制限され、監視されていたが、彼女はごまかすのがうまくなった。「ホンマ、わからずやの親を持つと苦労するわ」と笑っていた。そのうち、彼女は「国際空港で働きたい。そして外国人と出会い、結婚する」と言い出した。両親と離れるためにはこの方法しかないと考えたのだ。

卒業式で、彼女は答辞を読むことになった。卒業式への出席を両親は反対していたので、「クラス代表として重大な役割がある」と兄から父を説得してもらった。その式を、両親は監視するかのように見つめていた。「両親が来たら友達と一緒に写真も撮れないわ」と嘆いていたが、そこはなんとか見つからないように撮っていた。

卒業後、彼女は国際空港のアルバイト先で出会ったスウェーデンの人と結婚した。交際三ヶ月での電撃結婚であったが、今は一児の母としてスウェーデンで暮らしている。

私は、「親に見られたら殺される」と言って彼女から渡された卒業アルバムや友人たちと撮った写真やプリクラを現在も預かっている。「そこに男性が写っているというだけで、家族には見せられない。万が一見つかれば、また、大変なことになる」と言う。この学校での思い出は、いつ彼女のもとへ届けられるのだろうか。

恵——自傷行為・薬物依存に苦しみながら

恵は高校三年生の時に公立高校から転入してきた。看護師の母、大学生の姉の三人家族であった。彼女は前の学校での友人関係のトラブル、教師の対応への不信感により、学校へ行けなくなっていた。

家庭では、母親に優秀な姉と比較され、姉も彼女に日々強く当たっていた。勉強しない、学校に行かない、アルバイトもしない、家事も手伝わないなど、彼女への家族の不満はいっぱいあった。

だが、彼女は「やらない」のではなく「できない」のである。そのことを誰にも理解してもらえないでいた。彼女はどんどん精神的に病んでいき、家族を含め、できるだけ他人との接触や会話を避けるようになっていった。私たちは当初はそんなことも知らぬまま彼女を迎え入れ、登校を促していた。

ある日、彼女が久しぶりに登校してきた。足取りはおぼつかず、フラフラした様子で私の横を通り過ぎようとした。「おはよう」と声をかけると、酔っぱらいがよろめくように私にもたれかかってきた。「大丈夫か？」と問いかけても、ロレツがまわらず言葉が聞き取れない。保健室へ連れて行きベッドに寝かせた。

錯乱している様子で、何かを訴えているようだったが、言葉の内容を理解することができなかった。ただならぬ様子に、担任と私は危機を感じて母親に連絡した。すぐに母親が駆けつけて来たが、保健室に入ったときには彼女は既に眠っていた。

母親と私は彼女を寝かせたまま保健室で話した。「前の学校でのこと、家族関係、対人関係、生活の状況、母の思い……」など、二時間余り聞き取り、話し合った。

彼女は精神科へ通院していて、処方された薬を一度に多量に服用してしまうので、度々このような状態になるようであった。母親もそのすべてに対し疲れている様子で「もう、どうすることもできない」と嘆いていた。そのあと母親は恵を起こし、抱きかかえるようにして車に乗せて学校を後にした。

数日後、恵は何事もなかったかのように登校してきた。私は、彼女を別室へ連れて行き話を聞いた。恵は、数日前の出来事はまるで覚えていない様子だったが、今の状況や思いなどを、詳しく話してくれた。家族への不満、人間に対する不信感、不規則な生活、無力感……など。その時私は、恵が薬物や栄養ドリンクへの依存が強いと分かり、このままでは正常な神経が保てなくなると強く感じた。

彼女はそれから一ヶ月ほど経って登校してきた。校舎内へは入らず、非常階段に座り込み、栄養ドリンクを複数本飲んでいた。「また薬を飲んできたな」と思った。しかし、私の問いかけには、はっきりと返答できていた。

その時彼女は「ちょっと話を聞いて」と言ったので、応接室で聞いた。聞いている途中、他の先生から、生徒同士が激しく殴り合っているので、来てほしいと呼ばれた。急いでその仲裁をして、すぐ応接室に戻ったが、彼女の様子に愕然とした。恵は手首から血を流し、ソファーの下に座り込んでいた。自ら手首を切ったのだった。ティッシュを取り出して手首の血を拭き取り、そっと抱き寄せた。彼女は私にしがみついて号泣した。「こんなに苦しんでいる私を放ってどこへ行ってしまったの！」という心の叫びを感じた。薬を母が管理するようになって、多量に服用できなくなり、自傷行為をするようになったようだ。死にたいわけではないが、血を見ると落ち着くと言った。

数日後、登校してきた彼女の手首を見て驚いた。何本もの傷跡が細い細い腕の手首を締めつけるように並んでいた。薬を思うように飲めないので手首を切ることで気を紛らわすようになったのだった。

数日後に彼女が登校してきたとき、一人の女子生徒を引き合わせた。その子は、同じようなつらさを抱えて、同じようなことをしていた。そして「おまえたちのその傷がなくなったら、オレが食事とカラオケに連れて行ってあげる」と約束した。その日以後、私は彼女たちが登校するたびに手首を撫でながら「早くなくなれよ」と励ました。

二人は悩みを共感し合いながら語り合い、交流を深め、みるみるうちに元気になっていった。そして……卒業式を控えたある日、私は二人と一緒に夕食とカラオケに出掛けた。そこで、笑顔いっぱい、ノリノリでアニメソングを歌い続ける恵の姿を見ることができ、とてもうれしく、暖かい時間を過ごした。

舞――自分の成長を生徒の中に見る

ある日、同僚二人と三人の生徒と校外研修に出掛けた。「生徒と一緒につくる学校」というテーマでの講演を頼まれ、生徒たちとともに話をしたのだ。その日、三年の舞が同行していた。

舞は中学校時代に不登校となり、ほとんど登校をしていない。その時の自分について「生きることも死ぬこともできず、ブラックホールに落ち込んだようだ」と表現していた。高校進学を考える際、毎日登校できる自信がなかったので、通信制のこの高校を選んだそうだ。私は、彼女からいろいろなことを教わった。

それまで私は、どちらかというとヤンキー男子の担当で、彼女のような繊細な女子は苦手だった。しかし、入学者の半数以上が不登校経験者で、その七割程が女子であるので、手探りながらも彼女たちに積極的に関わるように努めた。

舞は、入学後はこれまでの不登校が嘘であるかのように力強く成長し、自分の経験を生かし、他の生徒を支援できるほどになっていた。人間不信や対人恐怖症に陥った子、学校不信などで不登校となった子に対して、どう寄り添い支えるかなどは彼女から教わったようなものだ。だから、講演やレポート発表、研修会などには彼女が同行することが多かった。大勢の観客の前での作文発表や卒業式の答辞、進学した大学での活躍など、どの場面でも彼女はまぶしく輝いていた。

この日、講演を終えて舞たちと帰宅する途中、大通りで二人の男が殴り合いをしていた。とっさに私は二人の間に割って入った。「おまえらやめとけ。こんな所でケンカするな」と怒鳴りつけた。一方の男が「だまれ」と私に殴りかかろうとした。私は「どうしてもというのなら、俺が相手する」と言い、男の前に立った。その瞬間、二〜三人の警官が駆け付け、私の体を押さえて制止した。私は「俺じゃない。ケンカしているのはアッチ」と男たちを指差した。警官はすぐに二人の方に行き、話し始めた。

「ヤレヤレ」と帰路に着こうとすると、舞が「先生、何しているんよ」と怒り出した。

「俺は止めに入っただけ……」。

「あのね。私見てたけど、あの止め方はないよ。それに冷静に周りを見てよ。すぐ近くに警官いたやん。他の先生がその警官に声をかけたんやで。その先生がとった行動が正しいよ」。彼女は「先生は何に対してもすぐ熱くなるのだから」と笑っていたが、私は恥ずかしくなった。

若い頃、ケンカの仲裁に入って自分がケンカを買っていることが度々あった。成人し教師として働くようになっても、ケンカに巻き込まれることがよくあった。妻は「巻き込まれるというより、あなたが巻き込まれるために行動しているように見える」と言う。そんなつもりはなく、たまたま巻き込まれるだけで、自分から仕掛けたことはなかった。そういえば五〇歳過ぎた頃からこんなトラブルに出くわさなくなった。私の運勢が変わったのかもしれない。さまざまな暴力と隣り合わせで生きてきた私が、生徒たちや妻のおかげで、事件に発展することなく終わらせられたのかもしれない。

共に歩みながら他の協力を得て成長していく。私の人生、我路独走とは言え、この暴力からの回避・脱出は他の協力なしには成し得なかった。どんな場面でも、どれだけ相手が興奮していても私は冷静に、相手の状態を分析し把握しているのだ。周りから見ると私はすぐに熱くなり「カッ」となってしまう性格のように思われることも多いが、それは違う。私自身はどのような場合も冷静である。

ただ口論になった場合はつい暴言を吐いてしまうことがある。これについては後悔も反省もするが、変なこだわりと意地で素直には謝れない。今後はもう少し丸くならなければ……。

その舞に、この本の原稿を読んでもらったところ、こんな感想が届いた。

「私自身は先生に出会って一八年余り、気が付けばほぼ人生の半分以上の時間が経っていました。私の中で未だに先生と呼ぶのはちょっと違和感があり、恋人、友人、家族でもなく不思議な存在です。私は中学時代、学校が苦手で、ほとんど登校していません。不登校を通して感じたことや得たものがたくさんあるけれど、それを無駄なものにするのはもったいないと気づかせてくれた先生との出会いは、私にとってめまぐるしい変化の始まりでした。


私たち生徒の前では、ノリの良い愉快なおっちゃんで、全力で生徒に向かうというよりは先生自身が心から楽しんでおり、子どもたちの恋愛相談から心の奥底からの命の叫びのような相談まで、先生は、自然にいろんな話や時間を共有してしまいたくなる空気をまとっているように感じます。今になって、あの警戒心の強い思春期を迎えた私が、すんなりと心を開けたのは、先生にそんな空気をいつの間にか感じとっていたのかもしれません。

出会ってから今まで、先生の思い悩む表情や苦しんでいる様子は見たこともなく、こんなにも様々な問題が家庭でも学校でもあったなんて、あの当時は少しも感じなかったのは私が鈍感なだけだったのかな？

世間一般から見ると先生との関わり方は、言葉使いやその距離感など教師に対する態度ではないと感じる人もいるだろうと思います。でもそんな常識的な表現を超えた、きずなや信頼関係があります。先生自身が、一般的に考えている先生と生徒の姿にとらわれることなく、私たちに接してくれたのだと思います。

最近先生が、ぽろっと『人生の中で今が一番幸せかもな』とお孫さんの話を口にした時、今までとは違う視点でやっと自分の時間を楽しめているのかなとうれしく思いました。今現在も先生の携帯は、生徒や卒業生からの着信で忙しそうです。これからも、ボケてしまう暇なんてないくらいに、卒業生たちからいろんな連絡が舞い込むと思いますが、これからは甘えさせてもらった卒業生たちに思う存分甘えてほしいです」

私自身、彼女の成長とともに、悩みや問題を抱えた生徒に寄り添える教師へと成長してきたように思う。舞は今では大学で得た知識と資格を生かし、福祉関係の仕事をしている。結婚し二児の母となり、家庭と仕事を両立させ頑張っている。私は今も、生徒のことで迷った時には彼女に相談する。

付記

飛躍している姿が、一番彼らしい——妻からひとこと

私たち二人が出会い、早いもので三五年の年月が過ぎようとしています。つらいことも楽しいことも悲しいことも苦しいこともたくさんありました。主人は持ち前の前向きな性格なので、私は信じてついて行くだけでしたが、主人ほど山あり谷ありの人生を過ごした人はそう多くはいないと思います。

主人から「今までのことを本にしたい」と言われ、還暦を過ぎ退職を決意し、自分の歩んできた道を振り返るには良い機会だと思いました。少しでも視力のあるうちに思っていることを文章にすることは良いことだと思い、反対することもなく本を書くことを勧めました。この本は、主人が視覚障害者用の拡大読書器を利用して手書きの文章を作成し、私が慣れないパソコンを使用し、時間をかけて、活字にしました。

私と知り合う前に主人は失明を宣告され、ショックは大きくなかったと書いていますが、やくざの道に入りそうになるぐらい、谷底の人生を歩んでいたのだと思うと、安易に失明を宣告した医師を恨みました。また、谷底の人生から立ち直るきっかけとなった「四歳の女の子との出会い」には感謝の気持ちで一杯です。しかし、この谷底の人生があるからこそ、主人の教師人生、ヤンキー先生と言われるようにヤンキーたちや不登校の子どもたちの気持ちに寄り添えて行けたのだと思います。この本を読み終えた人はわかると思いますが、主人ほど学校の教師が似合う人はいないと私は思います。手前味噌かもしれませんが、主人に出会えた子どもたちは、とても幸せな高校生活を過ごすことができたのではないでしょうか。

その一方、家庭では、三人の子どもの出産には一度も立ち会ったことがなく、子どもたちの入学式、卒業式にもほとんど出席したことがないのです。ですから、私は、高校の子どもたちに主人を奪われたような気持になり、よく嫉妬をして「家庭と学校とどっちが大事なの」と答えに困る質問を何度もしました。それほど学校や子どもたちを大事にしている人でした。教師が大変だということはよく理解していましたので、時折、高校の子どもたちを家庭に招き、一緒にレジャーや旅行など、うちの子どもたちはもちろんのこと私も楽しみました。今では本当にいい思い出です。

今でも卒業生と旅行に行くことがあります。私たちの子どもは男の子三人だけれど、よく我が家に遊びに来る子に対して「うちの長女、次女、三女、四男…」などと呼んでいました。季節のいい時期には、我が家でのガーデンバーベキューには、必ずと言って良いほど卒業生たちが何人も参加しています。

それだけではありません。生徒の悲痛な叫びが聞こえると、夜中であろうが明け方であろうがおかまいなしで「行くぞ」と言い、私に車の運転を命じます。主人は運転免許がないので、私が運転手となり出掛けます。それほど生徒たちを大事に思っていました。こんなに生徒を思い、土曜も日曜もなく学校や生徒とかかわらない日がないほど尽くしていた主人を解雇するなんて、ひどいと思いました。主人も私も、これまでで最も落ち込んだのは、解雇にあった時です。主人は特に、当時最も信頼していた人に解雇を言い渡されたことがショックだったようです。

でも、解雇撤回闘争中に盲学校に入学して主人は変わりました。自分から、目が見えにくいことを家族以外にも話せるようになり、人の協力を受け入れるようにもなったのです。目の障害をようやく受け入れることができたのだと思いました。

私たちが解雇の他、頭を悩ませたのは義弟の借金問題でした。この時ばかりは主人でもどうすることもできないと思いました。結婚して主人の目がいつ見えなくなるかわからないので、共働きをしながら毎月少しずつ貯金を蓄え、一千万円ぐらい貯めたものが、義弟の借金返済に協力したため、そのほとんどが消えてなくなりました。それ以上の借金を背負わされた時にはこれからどうなるのかとても不安でした。解雇、借金、裁判などこの先希望を持てないことも数多くありましたが、前向きに歩いて行けばどうにかなるものですね。今では借金も何とか返済でき、たくさんの孫に囲まれ、幸せに過ごしています。

これから一番心配なことは、主人が退職した後のことです。特に趣味らしい趣味が無い今、本当に学校が大好きで、子どもたちが大好きな人が、家庭に退くことが幸せなのかと不安になります。しばらくはボーと過ごせばいいですが、まだまだ年老いるには早いと思います。すぐに熱くなる性格には困らせられますが、未来を見つめ、一歩も二歩も飛躍しているときが、一番主人らしいと思っています。

よく「お前より一日前に死にたい」と言います。どちらが先に逝くかはわかりませんが、悔いのないように残りの人生を二人で歩んで行きたいと思います。あまりケンカせず笑顔を絶やさず、平凡で楽しく余生を過ごしていきましょう。

あとがきに代えて——教師の役割は、切り捨てることではない

子どもたちは迷い悩みながら自分の道を探す。立ち止まりたいことも逃げ出したいことも、時には道を踏み外してしまうこともある。そんな時、彼らは必ず助けを求める。「私をしっかり見てよ」と心の中から叫びたいのだと思う。

その声が聞こえたとき、私たち大人はどう向き合っているだろうか。

彼らの行動にはすべて理由があるのだ。その行動を否定する前に、この子に寄り添えているだろうか。校則で縛るだけで、指導と称して迫っていないだろうか。さらに処分をちらつかせて、「脅迫」してはいないだろうか。

あるいは、一人ひとりの特性や事情に合わせることなく、前例に捉われたり、「平等性」を取り違えた指導になっていないだろうか。その子の悩みや思いに耳を傾けずに、学校や教師の都合の良い方向へ導こうとしていないだろうか。

そして、「自分で考えろ」と生徒に言いながら、考えを押し付けてはいないだろうか。ただただ、形だけの「反省」を強要してはいないだろうか。学校は、警察でも裁判所でもない。学校だということを忘れてはいけない。

私は、常にこんなことを自問自答しながら、生徒たちと接するよう心がけている。なぜなら私も以前、そんなことを行っていたからだ。

子どもたちに寄り添うのではなく、子どもたちを校則に寄り添わせようとしたし、生徒の言い分を全く否定して、「指導」とは言えない「対処」をしたこともある。生徒が私の言うようになったと感じたら「指導が入った」と喜び、反発・反抗されれば怒ったりした。

なんと滑稽で、子どもたちに申し訳ないことをしてきたか。思い起こせば胸が痛くなる。校則は生徒を苦しめるだけでなく、私たち教師をも苦しめる。私たちが「伝えたい」とか「一緒に考えたい」と思うことがあっても、その前に、頭髪や服装の「指導」をせねばならない。指導という名の取り締まりである。こうした校則があるために教師は生徒と一緒に悩んだり、生徒と心を通わせることが難しくなり、一人ひとりにふさわしい、本当の指導ができなくなる。「生徒に寄り添うより学校の体面のほうが大事だ」と校則が言っているように感じた。

すでに書いたように、校則や処分のない学校を実現でき、教職員が一体となって生徒と関わる体制ができた。学校や大人の都合に合わせる生徒を育てることは教師の役目ではなく、生徒と一緒に悩み考えることこそが大切なのだ。生徒たちは答えを見つけられなくても寄り添い、ともに悩み考えてくれる先生を求めていると感じている。学校という場にいて、私は、こうしたことを強く感じてきた。だから私は「頑張れ」と、軽々と言わないようにしている。「頑張れ」には上限がない。どれだけ頑張っても、子どもたちは大人や教師から「頑張れ」と言われる。それは良いことなのだろうか。

私が校長をしている高校では、現在も数人が少年院で生活している。彼らの事情も家庭環境もさまざまだ。多くの高校では、鑑別所や少年院に入ったりすると、すぐに退学処分になって戻れる場所がなくなってしまう。この学校では教員全員で一人ひとりの事情や、彼らが育つ環境などを理解したうえで、どう寄り添ったらいいのか、誰が面会に行くかなどを話し合う。彼らが戻れる環境と、その子との関り方などを考えながら、三~四名の教員が教員全員の手紙を携えて定期的に面会に行くようにしている。

少年院を出た時には保護者とともに登校した生徒を全教員で迎え、拍手で歓迎する。拍手の中、生徒は照れくさそうに笑いつつ私たちと言葉を交わす。温かい空気に包まれた職員室から、彼らの学校生活が再出発するのだ。

今、少年院にいる生徒たちもみんな犯した罪を深く反省し、これからの自分のあり方を一生懸命考えている。出院したらこの学校に戻り、卒業を目指して頑張りたいと思っている。

生徒の中には、問題や苦しみを抱えたまま、この学校にたどり着いた子も少なくない。「このままひきこもり続けるか、高校に入るか」の選択に迫られ、一大決心をして入学してくる子もいた。そんな彼らにとって、この学校は最後の止まり木なのかもしれない。生活環境、小・中学校での生活、友人や親子の関係など、抱えた問題を改善できないままにいる彼らが入学を決めたのなら、私たちはその期待を裏切ることはできない。入学してくる一人ひとりを、できるだけていねいに全員の教職員で迎えている。

また開校以来、入学試験で一人の不合格者も出したことはない。入試は選考というより「子どもたちとの出会いの場」と考えている。入試の時に常に意識しているのは「ほどよい緊張感の下、できるだけていねいに、笑顔で出迎え、安心して帰宅してもらう」ということだ。作文（三〇分）と面接（三〜五分程度）がその内容だが、どのように彼らと出会うかをよく話し合った上で、子どもにも私たちにもよい時間となるように意識して臨む。

この入試が入学式という次の出会いを安心して迎えられるような場になることを願っている。

歓迎の歌と在校生のことばと先生紹介で迎える入学式。いろいろな先生と出会える三者懇談。どの場面でも私たちは笑顔を絶やさない。そして、初めての登校は、玄関で迎え、時には職員室へと招き入れる。これまで、呼び出され先生の小言を聞き説教される場、できるだけ近寄りたくなかった職員室という場所が、「登校したらまずは職員室へ」と変わってくるのだ。「よう来たな」と温かく迎える。日に日に子どもたちの様子が変わってくる。笑顔で優しく接することで、子どもたちも笑顔になり、突っ張り君たちの振る舞いも穏やかに変化してくる。こんな空気が学校全体へ広がり、嬉しいと感じられる時間もたくさん持てるようになってくる。

だが、学校嫌いだった生徒が学校生活を楽しめるように変わってきても、彼らを取り巻く生活環境が変わったわけではない。暴力、窃盗、薬物などがすぐ近くに存在する中、そこに巻き込まれてしまう子どもたちもいる。この生活環境や社会環境が続く限り少年犯罪は減少しないだろう。たまたまこの学校と出会った子どもたちは、失敗をしてしまっても、立ち上がっていく機会が与えられる。

しかし、残念ながら、多くの学校では退学になり、社会でも受け入れられにくくなり、立ち直りが難しい。悪への連鎖は子どもたちだけでは断ち切れない。学校や社会、大人がどう寄り添い関わって行くかにかかっている。特に教育に携わる教師の役割は重大である。

犯した罪の向こう側には被害者が存在する場合が少なくない。その被害者の立場に立ち、傷ついた心と体にしっかりと向き合わなければならない。決して自分の罪の軽減が目的でなく、犯した罪の重さを知り、その反省のもとに被害者に心から謝罪する意志を持つことが必要だ。被害者から「もうお前の顔など見たくない」とか「謝罪されても許さない」などと言われることも少なくない。被害者が加害者に対しそう思うのは当然だと思う。鑑別所や少年院から出てきた生徒たちはこの現実を突きつけられる。たとえ被害者から理解が得られなくとも、いつか被害者の心と体の傷が癒えることを信じ願いつつ、誠実に歩み続けるしかないのだ。

そうした、子どもたちの立ち直りを支援することが教師のやるべきことであり、決して切り捨てることではない。彼らは、ぐっと抱きしめ受け止めてくれる大人と出会えば必ず更生する。子どもを信じて待つこと、一緒に歩き続けることが大切である。過ちを犯した子どもたち一人ひとりの心に光が差し込み、その光の先に希望の道が開かれることを心から願う。

さて、気がつくと還暦も過ぎた。教育の場から去る日もそう遠くはない。半生をふり返ってもいい時期だと考え、本書を書き記した。これまで、過去の経験は「今の自分を築き未来を切り拓くため」のもので「しみじみ振り返る」ものではないと思っていた。こんなに遠い過去まで、脳裏深く蓄積された経験を掘り起したことはない。

「夢は自分で持つものでなく与えるもの」。ある時期からそう考え、それを実感できたとき幸せを感じて生きてきた。「俺の意志で独り走り続けた」と思いこんでいた多くがそうではなかったと思うようにもなってきた。

「静なくして動ありえず、動なくして進歩はない」を規範として行動してきたが、これも自分の幸せのためというより、他の人の幸せのための行動が多かったようにも思う。私は、人に頼ることができない。それは、自分の苦手な部分、弱点をさらけ出すことが怖いのかもしれない。そして、頼られることが好きで、それが自分の歩む道となっていた。

「人生に悔いはないか」と問われても今はわからない。だが、自分の人生が歩かされた部分が多かったとしても、その結果今の幸せと出会えたことに間違いはない。この目で苦労はしたが、この目を恨んだことはない。逆に「この目を授かったから、今の自分と出会うことができた」と思えるようになった。悲喜苦楽の数々のすべてが今の自分と出会うために必要な経験だったのだ。

今後も「与える幸せ」のために歩むだろうが、まずは今の教育の場で生徒や卒業生たちと楽しい時間を過ごしたい。左目に残されたわずかな視力をどこまで保てるか大きな課題だが、「使命とやりたいことが一致すればそれは生きがいとなる」を胸に刻み健康に留意して歩みたい。


最後に、本書を上梓するにあたりひとこと添えておきたい。

一五年ほど前、大阪私学教職員組合小中高校部元委員長の澤田有先生が、「あなたのこれまでの人生や闘い、教師としての成長などについて本にしてみませんか？　私が、聴き取り書き下ろしてもいいですよ」と言われ、「私が、定年を迎える年になったら、考えさせていただきます」と答えた。

その日から十数年が経過し、還暦を迎える年に最初の原稿を書き上げ、澤田先生に読んでいただいた。「これまで私が出会ったことのない人であり、聞いたことのない経験がぎっしり詰まった本ですね。自分史としてだけでなく、先生としての成長や教育界に物申す内容になっているように感じます。ぜひ、この本の編集に携わりたいと思います。ただ、私自身の体力がどこまで持つかわかりません。私だけではなく、何人かのチームで取り組むほうが良いでしょう」と言われた。

その後二人で相談し、勤労者通信大学・講師の中田進先生、京都府立高校教組元書記長の新庄佑三先生、並びに岡山法律事務所弁護士岡山照代先生に加わっていただき、約二年をかけて最終原稿が仕上がった。妻にはこれまでの私たち二人の人生を振り返りながら、慣れないパソコンと向き合い入力をしてもらった。卒業生の野田舞さん、加藤美穂さんには編集会議に参加していただき、感想や意見などをいただいた。

出版を引き受けてくださった新科学出版社、「非行」の子どもを持つ親の会（あめあがりの会）で出会い、編集者でもある春野すみれさんにもお力をお借りした。

編集半ばで旅立たれた澤田先生に哀悼の意を表するとともに、この本の作成に携わっていただいたすべての皆様に、心よりお礼申し上げます。

二〇二一年　九月

光《ひかり》に向《む》かって爆走人生《ばくそうじんせい》！

2021年9月25日発行 ©
2024年9月1日第2刷発行

著　者
しげき

発行者
武田みる

発行所
新科学出版社

（営業・編集）〒169-0073　東京都新宿区百人町 1-17-14-21
TEL：03-5337-7911　FAX：03-5337-7912
E メール：sinkagaku@vega.ocn.ne.jp
ホームページ：https://shinkagaku.com/

印刷・製本：株式会社シナノ パブリッシング プレス

ISBN 978-4-915143-66-3　C0037
Printed in Japan